¿Cómo era ser niño?

¿Cómo era ser niño?

Psicología infantil

Diana Liniado

¿Cómo era ser niño?

© Diana Liniado
Primera edición 2002
Empresas Ruz S.A. de C.V.

Cerrada 1o de mayo No. 21 Naucalpan centro
Estado de México
Tel. (55) 5360-1010 / Fax (55) 5360-1100
mexico@granica.com

© 2002 Empresas Ruz

Coordinación editorial
Hildebrando Cota Guzmán

ISBN 968-5151-13-X

Printed in Mexico
Impreso en México

Mi homenaje

A **Sigmund Freud**, médico -y durante un década
también pediatra-austriaco, fundador del
psicoanálisis (1956 - 1939) que revolucionó
el campo de la psicología, demostrando que los
niños no son como los ángeles, porque los
niños tienen sexo.

A **Francoise Dolto**, médica psicoanalista
francesa (1908 - 1988), que supo devolverle
a la Infancia, su niñez.

A **Donald W. Winnicott**, pediatra y psicoanalista
inglés (1896 - 1971), que comprendió tan
bien la existencia y la necesidad
del "osito de peluche».

A **mi padre**, recientemente fallecido,
por transmitirme la importancia de ser
consecuente con mis deseos y
con el apellido que él me dio.

Gracias

Al Doctor Roberto Murguía Posse, médico pediatra, director de www.mipediatra.com.mx, quien me hospedó en su sitio y aceptó mis propuestas con la responsabilidad y la ética que lo caracterizan.

A todos los lectores que estimularon este proyecto.

A Mario Pellegrini y Leopoldo Kulesz, amigos y guías en la tarea de armar el libro.

A Irma Baremboin, Karina Darsonville, Mirta ItIman y Monique Totah que me aportaron ideas, con entusiasmo, interés y cariño constantes.

A Ignacio Benavente, Lucia y Iara Ferraro, Lucia Laham, Margarita Trovato que enriquecieron con sus dibujos, tanta palabra escrita.

A Julián, Manuel, Alejo, Mora, Delfina, Margarita y los otros niños que, sin conocernos, aceptaron ser fotografiados.

A Juani, mi adorable niñera, siempre dispuesta para inventar cuentos, cantar canciones, abrazar, mimar y acunar a los niños... y a los grandes.

A mis padres, que me dieron la vida.

A todos los niños que me enseñan a diario
algo más acerca de la infancia.

A Margarita, mi musa inspiradora, que
no me permite olvidar jamás que

Ella es mi niña.

Índice

Mamá **73**

La Educación **95**

La Verdad **129**

La Comunicación Humana **161**

Nuestra Sociedad **181**

Prólogo

Este libro incluye los Comentarios sobre Psicología Infantil publicados en la página de internet *www.mipediatra.com.mx*

Por razones de espacio y de ética profesional, no considero oportuno reproducir las innumerables respuestas de los lectores, que motivados por la lectura de dichos artículos me hicieron llegar sus inquietudes.

Y sin embargo son ellos, los padres, abuelos, hermanos, tíos, maestros, pediatras, periodistas, estudiantes y profesores universitarios, abogados y colegas, quienes con sus preguntas y sus consultas estimularon este proyecto.

Es para mi una enorme satisfacción comprobar que tanta gente demuestre un auténtico deseo de conocer y ayudar a los niños: propios y ajenos.

Hace unas décadas la difusión masiva de la psicología infantil me parecía un ideal romántico: a los 18 años soñaba con *"hacer algo por la infancia"*. Este sueño no me abandonó jamás y hoy se hace realidad gracias a las nuevas tecnologías.

El éxito de estas comunicaciones no debe atribuirse a mis dotes personales. Son las ideas que vienen del Psicoanálisis y hasta ahora reservados a una elite intelectual.

Si yo tengo algún mérito, es el dehaber intentado priorizar la necesidad de los padres y educadores, teniendo especial cuidado en no dejarme llevar por:

1.- Las veleidades intelectuales -ya pasadas de moda- tan frecuentes en mi profesión.

2.- Ciertas corrientes actuales - muy de moda- que tienden a globalizar los temas de la infancia.

Espero haber estado a la altura de mi intención.

Los Padres

"Lo que uno no sabe,
saber lo que sabe.
Lo que uno no sabe,
saber que no lo sabe.
He aquí el verdadero saber"

Confucio

¿Qué le estará pasando a mi hijo?

Un niño habitualmente activo y despierto se muestra de pronto decaído, inapetente o retraído.

En otro niño en general tranquilo, aparecen conductas que denotan ansiedad, inquietud, falta de atención, actividad constante, perturbaciones en el sueño, ataques de furia, etc.

La consulta con el pediatra debe ser siempre el primer paso a fin de descartar cualquier tema orgánico. Si se demuestra que su estado físico es bueno, comenzaremos entonces a investigar las razones psicológicas de los cambios que llamaron nuestra atención.

1. Pensemos que los niños manifiestan sus emociones a través de su comportamiento, como así también de sus juegos y sus dibujos. Hace falta mucho recorrido para que puedan expresarse a través del lenguaje y decir por ejemplo: *"mamá, estoy triste"* o *"extraño a papá"* o simplemente *"no sé lo que me pasa"*.

2. Recordemos que los niños tienen una sensibilidad mucho más rica que la nuestra para percibir las variaciones en el ambiente: están siempre pendientes de nuestra mirada, nuestros gestos, nuestras presencias y ausencias (aunque parezcan muy concentrados en otra cosa).

3. Consideremos ahora las novedades (buenas y malas) que se sumaron a nuestra vida cotidiana. Recientemente consultó una mamá por una niña que se despertaba de noche varias veces y, según parecía, muy angustiada. Al final de su mensaje, la mamá comenta que está embarazada de dos meses y que se mudaron hace dos meses también. Con esta anécdota quiero mostrarles cómo esta madre, encuentra casi sin darse cuenta, las razones del malestar de su hija. Hay otras situaciones familiares que los hijos presienten: discusiones entre los padres alejamiento enfermedad o muerte de un familiar, crisis personales, problemas laborales, económicos, por nombrar algunas de ellas.

4. Cada niño tiene su propia modalidad para comunicar su dificultad para entender lo que está pasando.

Confiemos entonces en nuestra intuición de madres: encontraremos el momento más adecuado para hablar al niño, con las palabras que nos dicta el corazón, aunque sólo sea para decirle: *"entiendo que para ti también es difícil todo esto, pero puedes contar conmigo, intentaré comprenderte"*.

...Ser madres no es un sacrificio, es un trabajo creativo.

¿Qué espera un hijo de sus padres?

"**L**os padres que esperan reconocimiento de sus hijos (algunos incluso lo exigen), son como esos usureros que arriesgan voluntariamente su capital con el fin de cobrar intereses", escribió Franz Kafka en su diario. Sabemos, a partir de la carta dirigida a su padre, los terribles padecimientos que el escritor sufrió en la relación con éste.

No querríamos recibir de un hijo nuestro una carta que revele tales torturas, ni escucharlo compararnos con usureros que sólo se preocupan por sus intereses.

El dolor es parte inevitable de la vida. Sin embargo es posible evitar el exceso de sufrimiento que trae como consecuencia una inhibición en el desarrollo y en las relaciones humanas, atenta contra la autoestima y quebranta la esperanza.

En numerosas consultas aparece la misma inquietud:

¿Cómo puedo ayudar a mi hijo para que determinado acontecimiento- muerte de un ser querido, divorcio, enfermedad, celos por la llegada de un hermano, cambio de país[1], etc.- no lo traumatice?

---

[1] En otra oportunidad desarrollaremos cada circunstncia en particular.

En primer lugar quiero transmitir una experiencia fundamental:

Una situación por más triste que sea no tiene porqué ser traumática, en el sentido de provocar perturbaciones mentales severas.

Lo que hace que un hecho sea traumático es el silencio, el ocultamiento o la mentira en torno a lo ocurrido.

¿Qué espera de sus padres un hijo que atraviesa un momento de crisis o de dolor?

1. Ser escuchado: que atiendan sus preguntas y no le contesten *"no pasa nada"*.

2. Recibir consuelo y ayuda para confiar en que podrá superar la situación. Una manera de decirlo sería por ejemplo: *"yo se que es difícil y triste para ti, la vida es a veces así, pero pronto recuperarás tus ganas de reír y de jugar y sentirás que has crecido"*.

3. Saber que su seguridad no corre riesgos. Un niño pequeño necesita- especialmente en momentos de crisis- mantener a salvo su autoestima y no temer por la continuidad de su existencia. Por ejemplo en caso de divorcio, le alivia escuchar *"Tú seguirás teniendo la misma mamá, el mismo papá, el mismo apellido, aunque cambies de casa. Tú no te divorcias ni de mamá ni de papá. Tú serás siempre nuestro hijo"*.

4. Saber que sus sentimientos van a ser respetados, tanto su llanto, como su enojo o su sensación de impotencia. Se siente comprendido cuando uno puede decirles: *"yo te entiendo, en momentos así yo he sentido algo parecido, a todos nos pasa"*.

Nuestros hijos esperan de nosotros solidaridad y cooperación para que cada dificultad de su vida, los fortalezca.

Un niño que se siente apoyado, aprende a confiar en su capacidad para enfrentar lo que la vida le depare.

¿Es feliz mi hijo?

En el fondo, es esta nuestra preocupación esencial, más allá de su crecimiento corporal, de sus hábitos de higiene, del rendimiento escolar, del acceso a bienes materiales y de todos nuestros desvelos.

En primer lugar debemos aceptar que, al igual que los adultos, ellos tienen su propia dificultad de vivir. ¿Acaso, nos acordamos lo que era ser niños?. La infancia no es ese paraíso que soñamos, en dónde están ausentes las tensiones, los conflictos y los obstáculos.

Por lo tanto lo que nos interesa saber es si nuestro hijo va adquiriendo los recursos necesarios para sobrellevar las privaciones, frustraciones y desilusiones con las que se encuentra en el camino.

¿Cuáles son las señales que podemos tener en cuenta para saber cómo el niño está viviendo su vida?

Un niño está cómodo en su vida, cuando confía en su ambiente: puede llorar, patalear y protestar porque sabe que hay alguien para quien su llanto, su pataleo o su protesta, cuentan.

Un niño que no confía, no se entrega, no manifiesta sus emociones. Se adapta demasiado bien a lo que se le pide, aunque ello vaya en contra de

sus necesidades. Es un niño retraído. No incomoda.
Pero sufre.

**Un niño vive tranquilo cuando progresivamen-
te aprende a saber lo quiere**, y aprende a comunicarlo.

**Un niño está aprendiendo a vivir su verdadera
vida, cuando luego de una pérdida** (destete, pañales, separación de la madre, etc.) **obtiene una ga-
nancia**: disfruta comiendo con sus manos y ensucián-
dose con lo nuevos alimentos, exhibe con aires de
superioridad que usa ropa interior como la de mamá o
la de papá, y cuando tiene que separarse de su madre, en algún momento dice *"mamá, vete ya"*.

Tal vez esperaban que les dijera que un niño feliz
es el que siempre ríe, el que se hace el payaso o el
que acepta todo lo que le ofrecemos, está siempre
tranquilo y no molesta.

No. Los niños que pueden expresar su alegría de
vivir, molestan. Pero claro, no siempre que un niño
molesta está expresando su alegría de existir. Un niño
demasiado inquieto, que no para de moverse, que
pide siempre más y siempre otra cosa, no demuestra
alegría. Está buscando algo...se está buscando a sí
mismo: lo que quiere él, lo que le gusta a él, lo que le
interesa a él.

Para un niño ser feliz, es saber que sus padres- a
pesar de todos los inconvenientes que él trae- están
muy contentos de que él exista.

¿Culpables o responsables?

No puedo ponerle límites
No sé qué hacer para que duerma toda la noche
Me pongo muy nervioso y le pego
Temo que el divorcio lo afecte demasiado
Quisiera tener más paciencia pero no la tengo...

Son algunas observaciones de las madres y padres preocupados, reconociendo una dificultad en ellos o en sus hijos.

A través de las consultas, suele aparecer- de manera directa o indirecta- un sentimiento de culpabilidad. Se cuestionan la manera de criar y educar a sus hijos. Se sienten inseguros, no confían plenamente en su maternidad o paternidad.

No obstante, sólo aquellos padres responsables y comprometidos con la salud de sus hijos tienen la valentía de buscar, cuando la necesitan, una orientación con el fin de conocerlos, comprenderlos y ayudarlos.

"No hay nada tan fuerte como un momento de debilidad", decía Julio Cortázar. Sólo quien confía en sí mismo puede mostrar sus puntos débiles.

Quienes no están en contacto con sus hijos, no los observan, nada les llama la atención, por lo tanto no tienen conflictos...o no quieren enterarse de que los tienen.

El sólo hecho de percibir una dificultad, comunicarla y escuchar a otros, habla de la responsabilidad con que aquellas personas que tienen niños a su cargo asumen su función. A menudo se trata simplemente de ayudarlas a recuperar la confianza en su "savoir- faire", (saber-hacer).

Los padres que se ven en problemas, no son los que más se equivocan, son en todo caso los más conscientes y los más dispuestos a modificar ciertas actitudes.

Cabría hacer una importante distinción entre:

El sentimiento de culpabilidad, que aparece cuando se supone haber causado daño o perjudicado intencionalmente a alguien. Este sentimiento despierta el temor a ser criticado y juzgado por su intención. Se desea escapar de esa presión interna. Las ideas y los actos no están al servicio de la resolución del problema; apuntan a defenderse y evitar esa tortura interior.

Los padres que se sienten culpables, suelen estar más pendientes de lo que creen haber provocado que del efecto en sí. El temor a ser juzgados como "malos padres" impide comentar el motivo de su preocupación.

La responsabilidad, es el compromiso frente a una situación que nos involucra y la puesta en marcha de actos tendientes a resolverla. Implica reconocer nuestra participación y no eludirla.

Los padres responsables procuran ir más allá de las especulaciones acerca de su culpabilidad y enfrentan el problema... Para ellos, lo que pasa con su hijo está por encima de la necesidad de ser reconocidos como "buenos padres".

Los hijos perdonan las equivocaciones cuando sus padres las admiten, pero sufren cuando perciben que deberían hacer algo para aliviar el sentimiento de culpa de alguno de ellos.

La peor equivocación es pensar que uno no se equivoca nunca.

¿Padres psicoterapeutas?

Refiriéndonos a las situaciones que hacen necesaria la consulta con un profesional de la salud mental: o sea cuando la ayuda de los padres ya no es suficiente o es imposible y el niño presenta síntomas que obstaculizan su desarrollo.

Algunas inquietudes surgidas a partir del contenido de dicho artículo permiten plantear otro tema:

¿Cuándo y de que manera los padres estamos en condiciones de ayudar a nuestros hijos?

Tal como hemos comentado en varias oportunidades, a lo largo de su crecimiento, los hijos se enfrentan inevitablemente con su dificultad de vivir: pérdidas, separaciones, cambios, enfermedades, ausencias, etc.

Además de las adversidades que forman parte de la vida misma, están las circunstancias de cada niño en particular:

Su historia: la de su concepción, nacimiento y crianza.

Su lugar en la familia: hijo único, mayor, menor, del medio, varón, mujer.

Sus padres: la relación entre ellos, la relación con cada uno de ellos.

Su cuerpo: sus habilidades, partes vulnerables, motivos de orgullo o de vergüenza, su sexo.

El mundo que lo rodea: fuente de peligros, o de curiosidad y de conocimientos.

No está dicho que todo debe marchar sobre ruedas. Cualquiera de estas circunstancias puede ser motivo de crisis, de odio, de rechazo o de cuestionamiento por parte del niño. Allí estarán sus padres para calmarle esa angustia pasajera y darle la confianza necesaria que lo ayudará a sobrellevar el mal momento con la esperanza de recobrar su alegría de vivir.

Es este un aspecto fundamental de nuestra función como padres y ningún padre la ignora. Lo que no se sabe, a menudo, es la manera de ejercer esta función:

¿Cómo brindar el apoyo que un niño requiere cuando atraviesa una crisis de crecimiento, una etapa de hipersensibilidad y llantos frecuentes, un período de pesadillas, unos días de desgano o de inapetencia?

1. Si los padres se angustian o se desbordan frente a una determinada reacción o comportamiento del hijo, es importante sincerarse con él: *"Tú mamá- o tu papá- se asusta porque no comprende lo que te pasa; tal vez no haya motivos para tener miedo..."* Estas palabras suelen producir alivio por sí mismas ya que el adulto se hace responsable de su propia angustia y en consecuencia el niño se libera de ese peso.

2. Si la angustia permanece, los padres pedirán ayuda u orientación, o bien a otros adultos que puedan ayudarlos o bien a un profesional. Muchos de ustedes han tenido la experiencia de observar los cambios que produce en los niños una actitud distinta frente a la misma situación; frases del estilo *"comprendo que te quieras bañar sola, me doy cuenta que has crecido- déjame mostrarte aquello a lo que debes prestar atención para no lastimarte"*.

3. Hay padres que padecen temores irracionales, obsesiones o impulsos que quieren pero no pueden controlar; sus recurrentes fantasías tenebrosas oscurecen el presente con sombras del pasado. A menudo son conscientes de ello, sufren, se torturan por eso, pero no encuentran la salida y temen enfermar a sus hijos:

En mayor o menor medida, todos los padres repetimos, con nuestros hijos, historias que vivimos siendo niños. No siempre tenemos lucidez para percatarnos de esta confusión de escenas y personajes. Pero si algo o alguien nos hace dar cuenta de ello, se lo haremos comprender al niño: *"no es lo que tu pides o lo que tú quieres hacer lo que me pone en este estado. Sabes, desde pequeña vivo atemorizada y pensando que algo malo va a pasar. Cuando me veas así, no me hagas caso, piensa que en ese momento no tienes suerte con mamá"*.

El lugar que ocupamos en la vida de nuestros hijos es indiscutible. Dependen de nosotros. No obstante, es preciso recordar que también depende de nosotros crear en ellos "anticuerpos" para defenderse de una dependencia total y absoluta. Es aquí dónde cobra pleno sentido aquello de criar hijos autónomos, o sea, cada vez más independientes de nuestro ánimo, de nuestras historias, de nuestros puntos de vista.

Podemos decir que los padres actúan terapéuticamente cuando consiguen transmitir a sus hijos "tú no tienes porqué sentir lo mismo que yo"..."tú tienes una educación muy distinta a la que hemos tenido tu papá y yo"..."tus ideas son muy valiosas, aunque nosotros no pensemos igual"...

La sinceridad con los hijos es terapéutica.

Mi hijo me llena de orgullo... o de vergüenza

Como padres solemos enorgullecernos de nuestros hijos cuando se nos parecen en aquellos rasgos o atributos valorados por nosotros o por los demás: *"es hacendosa y cuidadosa como su mamá...este niño es inteligente como su padre..."*

La belleza, el orden, la obediencia, la inteligencia, la destreza física, las altas calificaciones, la buena conducta son todas cualidades que, cuando se refieren a nuestros hijos, parecen intensificar el amor que sentimos por ellos.

Ese aspecto de la personalidad- que coincide en general con los ideales familiares, sociales y morales- no trae más que satisfacciones.

¿Qué sucede en cambio con ese otro aspecto de la personalidad, menos atractivo y más incómodo, capaz de despertar vergüenza, enojo o angustia?

Las rabietas, las turbulencias, la agresividad que observamos u observan en nuestros hijos no nos llenan de orgullo (al contrario, nos hieren la dignidad) y acaban pronto con la paciencia.

Son justamente estos rasgos que traen conflictos y complicaciones los que comprometen verdaderamente nuestro amor de padres.

La reacción más frecuente frente a lo que nos disgusta de o nos complica de los pequeños, es la irritación o el fastidio.

Ejemplos:

1. Julia (4 años) es una niña muy distraída, *desordena todo permanentemente y siempre está perdiendo algo*, protesta su madre.

La madre, no se da cuenta que ella misma entra a un lugar y se las ingenia para dejar todo desordenado; cuando se va, olvida siempre algún objeto personal y no presta atención mucho tiempo continuo.

2. Manuel (6 años), según cuenta su padre enojado, es un niño poco sociable, aborrece los cumpleaños y los fines de semana, pese a la insistencia de los padres para que se encuentre con amigos, sólo quiere quedarse en casa.

El padre, por su lado, se muestra como un hombre parco, que prefiere escuchar música antes que asistir a reuniones sociales y dice ser muy independiente.

¿Por qué la madre de Julia y el padre de Manuel se irritan con sus hijos? Porque observan en sus pequeños aspectos de su propia personalidad que los conflictúa: no pueden admitir el desorden y la distracción, en el primer caso o su dificultad para relacionarse, en el segundo.

La mayoría de las veces basta con que los padres se reconozcan en esas conductas para que los niños aflojen y resuelvan sus cosas de otra manera.

Muchos padres se estarán diciendo: *"¡Pero si ninguno de nosotros hace esas cosas que hace el niño, nosotros no le hemos mostrado eso!"*.

Y es perfectamente creíble. Sucede que los niños son casi adivinos.

La niñez de los padres

La llegada de los hijos genera, tanto en el hombre como en la mujer, no sólo sentimientos intensos y apasionados, sino también nuevos compromisos y funciones que cada uno intentará cumplir con la mayor responsabilidad.

Es frecuente escuchar a padres o a futuros padres decir: *"No hay camino, se hace camino al andar"*, como escribía el poeta Antonio Machado.

Esta idea es en parte cierta, ya que cada hijo, incluso de una misma familia, despierta en cada uno de sus padres distintas disposiciones: a uno se le tolera más que a otro, al mayor tal vez se le exige más que al pequeño, la niña, tan seductora ella, consigue todo lo que quiere, etc.

Lo que se da a cada hijo y lo que se recibe de cada quien constituye una historia única y particular.

Por lo tanto no es posible anticiparse ni prever qué tipo de relación habrá de establecerse entre padres e hijos.

No obstante, ese andar que va haciendo el camino de cada padre con cada hijo, no es tan imprevisible. En nada debería parecerse a la "deambulación" del niño que recién empieza a caminar y no quiere llegar a un lugar en particular; lo que disfruta es el ejercicio de su nueva facultad y de su incipiente autonomía.

Hombres y mujeres andan su camino de padres llevando a cuestas:

La propia infancia: las alegrías y las tristezas de su niñez.

Las experiencias- algunas para seguir como ejemplo, otras para recordar y no repetir- con cada uno de sus padres y con sus hermanos, si los hubo.

Los ideales, fantasías e ilusiones respecto al futuro de sus hijos.

El hecho de no darse cuenta del peso y de la influencia que la historia de los padres tiene en la crianza y en la educación de los hijos, no impide que eso exista y que determine- al menos en parte- las maneras de ser padre o madre. Por ejemplo:

Una madre que padeció malos tratos por parte de su propia madre, quizás no maltrate a su niña, todo lo contrario, pero tendrá posiblemente un miedo recurrente de dañar a su hija.

Un padre a quien no ayudaron de pequeño a controlar sus impulsos (por falta o exceso de límites), será, probablemente, impulsivo y a veces violento con sus hijos.

La niñez de los padres se revive y se recrea con los hijos, aunque la mayoría de las veces esto transcurra de manera sorda y muda.

El querer ser o hacer como hicieron nuestros padres, o el no querer ser o hacer como hicieron ellos, está marcando ya un camino, al modo de un plano en un lugar desconocido. El plano puede no estar actualizado o tener algunos borrones o fallas de impresión, pero mal que bien, es una guía.

Lo mismo que en un viaje por una ciudad desconocida, además de un plano es bueno tener un buen compañero de viaje o un buen co-piloto.

¿Quién eres, hijo mío?

Nos pasa a todos: convivimos con personas- cónyuges, hijos, padres, amigos- a los cuales, en el fondo, no terminamos de conocer.

De vez en cuando nos sorprendemos al escuchar o al decir por ejemplo: *"¿En serio te gusta eso?, No lo sabía...¡ Cómo cambiaste! Antes jamás ibas a esos lugares...¿No eres más amigo de él? ¿Desde cuándo? ...Es cierto, te cambió el cuerpo, no me había dado cuenta..."* aunque veamos a esa persona todos los días de nuestra vida.

Los lazos de sangre, el amor, la maternidad, la paternidad, la filiación, la amistad, la convivencia...no garantizan por sí mismos una comunicación exenta de malos entendidos, de desconocimiento, de egoísmo, de vanidad.

Las relaciones entre padres e hijos no forman un mundo aparte, puesto que también están en juego la comunicación humana y sus interferencias. Salvo que pensemos que un niño o un bebé no son personas.

El amor filial nos hace suponer que basta con el sentimiento que tenemos hacia nuestros hijos para saber todo acerca de ellos: *"lo conozco como si lo hubiese parido"* decimos en Argentina.

Nos equivocamos cuando creemos que por amarlos, criarlos, educarlos y vivir con ellos, los conocemos.

23

Es frecuente que los niños ignoren dónde y en qué trabajan sus padres. Del mismo modo es habitual que los padres no sepan a qué juegan sus hijos.

Si no es sólo amarlos, criarlos y educarlos ¿Qué es entonces conocerlos?

1. Saber qué les da alegría y qué los pone tristes.

2. No dar por sobreentendido que lo que nos interesa a nosotros va a interesarles a ellos.

3. Admitir que cuando nosotros tenemos frío, ellos quizás sienten calor y si nosotros queremos dormir, ellos tal vez tengan ganas de jugar.

4. No ofendernos si no festejan cada regalo que les hacemos o cada comida que preparamos: quizás regalamos o compramos pensando en nuestro placer y no tanto en el de ellos.

5. Comprender que sus ganas de estar a solas o con otras personas, no son pruebas de desamor, sino ansias de libertad.

6. Aceptar que tengan secretos. Ellos también tienen su intimidad y quieren elegir cuando, con quién y de qué desean hablar.

Ejemplos de desencuentros tenemos los padres- y los hijos- a montones: *"Yo pensé que te gustaría...no, mamá, a mí eso me aburre...te compré este vestido ¡Pero si yo quería unos jeans! ...Vamos a visitar a tu abuela... ¡uf! Yo quería invitar a un amigo...¿verdad que te encanta la gimnasia?... no, la hago porque me obligan..."*

Pero no nos ilusionemos. Por más interés y dedicación que pongamos en lograr una buena comunicación, jamás llegaremos a saberlo todo.

"La vida es el arte del encuentro a pesar de que haya tantos desencuentros por la vida", recitaba Vinicius de Moraes, poeta brasileño.

¿A quién querés más?

Agustina tenía entonces 6 años. Sus padres se encontraban en un cruento juicio de divorcio. Se disputaban la tenencia de la hija.

La madre insistía en la amoralidad de la nueva pareja de su ex marido, considerando la casa paterna poco saludable para su hija.

El padre necesitaba confirmar que su ex mujer estaba loca y por lo tanto su hija no podía ser cuidada por ella.

Intervienen en la causa el juez, los abogados de ambas partes y una asistente social que solicita entrevistarse conmigo, la psicoterapeuta de la niña. Acepto la entrevista pensando que era una buena oportunidad para advertir acerca del enorme sufrimiento que esa situación causaba a la niña.

Lamentablemente- ignoro verdaderamente los motivos- esta información no fue tenida en cuenta. Según pude comprobar posteriormente, se había requerido mi opinión profesional para ser utilizada de manera tendenciosa.

Tanto es así que fui citada a declarar como testigo. ¿Testigo de qué? De la insania de la madre de Agustina. Ante mi negativa - aludiendo al secreto profesional- se planteó la necesidad de realizar una pericia psiquiátrica a la niña, persiguiendo el mismo fin:

obtener, a través del testimonio de Agustina, la confirmación de la locura de la madre.

La historia de Agustina ilustra la presión a la que se ven sometidos los niños cuando son utilizados, en este caso, para atestiguar en contra de uno de sus padres.

Incluso su tratamiento, único espacio neutral, libre de conflicto fue amenazado, demostrándose así, que la salud mental de la pequeña no era prioridad en ese penoso juicio.

No en todas las situaciones de divorcio, legal o no, los hijos deben enfrentar tales combates.

Sin embargo existen a diario momentos en los cuales los niños, directa o indirectamente, se ven implicados en las discusiones entre sus padres, en la rivalidad entre su mamá y su abuela, en la ruptura que separa a la familia materna de la paterna, etc....

No hace falta preguntarle a un niño: " ¿A quién quieres más a mamá o a papá? ... ¿Quién te cuida mejor mamá o la abuela? ... ¿Verdad que la familia de tu madre es grosera y ordinaria?"...

Las preguntas flotan en el aire. Se leen en la irritación de uno cuando habla del otro, en las miradas de odio que se entrecruzan, en los intentos solapados de alejar al niño de la influencia del otro.

Y ellos, los niños quedan con el corazón hecho pedazos: un pedazo para cada uno.

Los hijos no son tus hijos

*...**S**on los hijos y las hijas de la Vida que se desea...*
...pueden habitar su cuerpo, pero no su alma...
...no los obligues a copiarte
...ustedes son los arcos...las flechas vivas, vuestros hijos...

Dicen los versos de Khalil Gibrán, poeta libanés.

¿Cómo interpretar el sentido de estas palabras? Cada cual encontrará quizás un significado diferente.

A la luz de mi experiencia y mis conocimientos, esta poesía me parece una hermosa metáfora para aludir a la creencia de que los hijos son posesiones de los padres.

Esta creencia está en la base de diversos comportamientos tendientes a obstaculizar la independencia y la autonomía de los hijos.

La mayoría de las veces no nos damos cuenta cuando obramos así. Los padres siempre suponemos que hacemos lo mejor *para nuestros hijos* y rara vez nos confesamos que en el fondo, determinadas actitudes nuestras nos benefician más a nosotros que a ellos.

¿Por qué piensan ustedes que se arma tanto alboroto, alrededor de los 2 años cuando los niños comienzan a decir **YO** y **NO**? Porque los niños quieren demostrar que tienen una existencia propia y mediante el **YO** y el **NO** intentan diferenciarse de sus padres.

¿Por qué perturba tanto la rebeldía de los niños? ¿Por qué dejan de ser pasivos? ¿Por qué quieren ser protagonistas de su propia vida? ¿Por qué exigen ser tratados como personas? ¿Por qué ponen de manifiesto que no podemos sujetarlos a nuestro antojo?

Es un momento crítico en la crianza y en la educación de los hijos, los padres suelen soportar muy mal esta "insurrección". Los niños luchan por su independencia- como los pueblos subordinados o colonizados- y los padres no saben cómo hacer para enfrentar las protestas y manifestaciones. En épocas de crisis, gobernar democráticamente se hace muy difícil.

Si se pudiera comprender profundamente esa intención en los hijos, se aplacaría muchísimo la furia de los padres. La rebeldía y la desobediencia no deberían entenderse como una maniobra para molestarlos. Molestan, es cierto, pero no es ese el objetivo. Ellos piden que los dejen crecer.

A menudo para crecer y desapegarse de alguien es preciso ejercer cierta cuota de agresión. Si un niño se siente autorizado a tener sus propias ideas, gustos y deseos – aunque no pueda todavía concretarlos- aceptará mucho mejor ser guiado por sus padres en su crecimiento.

Tendrá la certeza de que no lo están educando para "colonizarlo" sino para ser libre. Para la Vida, diría el poeta.

Los ingenuos somos nosotros, los grandes

Ahora más que nunca parece fundamental insistir sobre la importancia de no menospreciar la sensibilidad, la inteligencia y la capacidad de observación de los niños.

Con frecuencia me encuentro con adultos que intercambian opiniones acerca de los últimos hechos que conmovieron al mundo. Esto no tendría nada de raro, si no fuera que lo hacen frente a los niños pero afirmando, paradójicamente *"ellos-* los miran incluso y ven que los niños de 5, 6 u 8 años están ahí- *no saben nada... no los dejo ver la televisión... mejor no preocuparlos... no se dan cuenta...".*

No dejo de preguntarme porqué será tan difícil para los adultos considerar a los niños como personas.

Los padres se quejan habitualmente de que sus hijos no les escuchan *"hace como si no me oyera",* se llevan todo por delante *"es atropellado, no mira lo que hay a su lado"* y no se dan cuenta que son ellos los primeros en actuar como si los niños fueran sordos o como si no se encontraran a su lado.

Mis padres tenían por costumbre hablar en otro *idioma* para que los niños no entendiéramos. Fue gracias a esta costumbre que aprendí, sin que nadie me la enseñara, esa lengua extranjera que usabanpara comunicarse entre ellos, frente a nosotros.

Por supuesto que jamás confesé esta adquisición por temor a que me cambiaran el código.

Mi experiencia no es única. La mayoría de los niños la comparten:

⊙ Cuando Carolina antes dormirse, escucha el ruido del cajón del mueble de su mamá, sabe que ella *"toma la pastilla para los nervios"*.

⊙ Jazmín sabe que cuando su mamá hace muchos regalos a la niñera, «*hubo pelea*» y la niñera amenazó con dejar el trabajo.

⊙ Francisco observa las manos de su madre: según lleve puesto o no el «*anillo de bodas*», sus padres discutieron o se reconciliaron.

⊙ Eduardo sabe que si su padre llega a casa con las «*gafas puestas*», estuvo llorando.

⊙ Cuando Violeta escucha *"Las cuatro estaciones de Vivaldi"* sabe que es mejor no acercarse a su madre, necesita calmarse con la música.

⊙ Ricardo sabe que si su tía llama por teléfono varias veces al día, su tío ha vuelto a agravarse.

Lo curioso es que los padres se preguntan: *"¿Cómo sabe que tomo pastillas si yo nunca se lo he dicho? ... ¿Cómo sabe la niña que la niñera y yo discutimos si estaba en la escuela? ... ¿Porqué adivina siempre lo que pasa entre su papá y yo, si nuestras cosas las arreglamos en la intimidad? ...Eduardo se da cuenta si tuve un problema apenas entro a casa, no entiendo...A Violeta le encanta Vivaldi, jamás me*

interrumpe cuando escucho esa música...No le diji-
mos nada acerca de la enfermedad de mi hermano y
ayer nos sorprendió preguntando si él iría al entierro
de su tío..."

Mientras los adultos piensan tiernamente en la ingenuidad de sus retoños, se les escapa que, al pensar así, los verdaderamente ingenuos son ellos.

LOS NIÑOS

"Cuando somos felices
somos siempre buenos,
pero cuando buenos,
no estamos siempre felices"

Oscar Wilde

¿Qué entienden los niños?

Compruebo cada día lo mucho que se interesan las mujeres y los hombres de habla hispana por la psicología de niños.

Esta es la causa por la cual estoy en permanente contacto "virtual"- ¡pero no por eso menos verdadero!- atendiendo sus consultas y dándoles información acerca de los temas que nos importan a todos los que estamos en contacto con niños.

Para ir aproximándonos a la psicología del niño, comencemos por algunas ideas fundamentales:

1.	**El bebé reconoce las palabras mucho antes de aprender a hablar**: las palabras son parte de su alimento tanto como la leche. Es frecuente que hablemos mucho de él, pero no le hablamos a él. Un niño al que le hablan aprende a hablar más rápido, de este modo aumentan sus posibilidades de expresión.

2.	**El niño percibe lo tenso del ambiente**: se calma con la tranquilidad de los padres, se altera con su angustia. Su sensibilidad es mayor que la nuestra y su ánimo más inestable.

3.	**El buen humor permanente no existe**: hay buenos y malos momentos. Si estamos en un mal día o en una mala época le diremos al niño " No es contigo, estoy nerviosa por otros motivos". Nuestro hijo irá aprendiendo a reconocer las variaciones del entorno, así como aprendió a reconocer la diferencia entre el día y la noche.

Hace más de veinte años que trabajo con niños y les aseguro que algunas palabras dichas en el momento oportuno y con veracidad, tienen un efecto casi milagroso.

Con esta breve introducción creo haberles transmitido un aspecto esencial de la relación con los hijos: intentemos desde el principio entablar una comunicación con ellos, conocerlos y que nos conozcan. Esta es la base de la prevención de las perturbaciones mentales.

El mundo interior

¿Qué hace que uno pueda o no pueda estar a solas, apaciblemente, escuchando música, leyendo con placer, descansando, esperando algo o a alguien sin desesperación ni ansiedad?

A menudo, tanto los adultos como los niños suelen padecer la soledad con sufrimiento, tristeza o angustia, sin saber qué hacer consigo mismos. O bien se quedan paralizados, mirando el vacío, adormecidos, aburridos; o bien van de un lado para el otro: de la refrigerador al televisor, del televisor al teléfono, toman una hoja y antes de terminar de escribir o de dibujar la abandonan, si intentan leer recorren la misma frase una y otra vez sin lograr encontrar allí tampoco algún sentido.

No es raro vivir una inquietud parecida estando en compañía de determinadas personas cuya presencia no crea un clima de tranquilidad, sino más bien al contrario; su silencio, su mirada, sus gestos o sus palabras perturban sutilmente y aunque nada se diga explícitamente, no se siente con ellas la libertad de expresarse espontáneamente.

Esta sensación de espera inquietante, de soledad angustiosa o de inhibición de la espontaneidad- que puede vivirse durante la vigilia o durante el sueño...o la falta de sueño- tiene su origen en las primeras experiencias del bebé con relación al ambiente, y más específicamente con relación a la madre y/o sus sustitutos.

Son numerosas las consultas que tengo sobre los trastornos de sueño de los niños, sus llantos en las guarderías, las dificultades para concentrarse en alguna actividad pues su atención parece siempre dispersa, la imposibilidad de disfrutar un rato jugando solos, entrando y saliendo naturalmente de su mundo, inventando o reproduciendo diálogos con los muñecos, fabricando trenes con las sillas o peleando contra un enemigo imaginario.

¿Cuál es esa experiencia fundamental que habrá de permitir disfrutar creativamente de la soledad? La manera en que se fueron atravesando las distintas separaciones entre la madre y el hijo:

Un niño primero debe confiar en su ambiente: esto se logra transmitiéndole seguridad y estabilidad. No se trata de establecer rituales rígidos e inamovibles, sino de preparar al niño para los cambios que puedan advenir. Ya sabemos que los niños captan el sentido de las palabras, el tono de la voz y están en el campo del lenguaje mucho antes de hablar. Cuando la realidad no permite anticipar los cambios, nunca es tarde para tranquilizar al niño explicándole lo sucedido: *"he tenido que marcharme de urgencia*-se le puede explicar el motivo de la urgencia-, *no me olvidé de ti, pero salí muy preocupada y no pude avisarte, ya estoy de vuelta"*.

El niño puede esperar el regreso de la madre si guarda el recuerdo de sus palabras y sus gestos cariñosos: *"no estaré contigo por un rato, te quedarás con tu abuela*- se nombrará siempre a la persona que quede a su cargo- *tienes también tu música y tu osito, nos veremos cuando vuelva del trabajo"*.

Durante su ausencia el niño tendrá a la mamá en sus ensueños o sueños, sentirá su olor en alguna parte del cuerpo que ella acarició, escuchará un sonido que se parezca a su voz, y percibirá formas que asociará con su rostro amable.

Si la madre se aleja intranquila, temiendo por la seguridad del niño, obsesionada por la idea de que el niño no va a estar bien sin ella (ni ella sin el niño), su ausencia deja al niño sumido en la angustia, la inseguridad y la falta de confianza en un feliz regreso. Algunos bebés no paran de llorar, otros pierden el apetito y el sueño o por el contrario no pueden despertar.

Primero es la espera de la madre, más tarde será la espera de la amada o del amado, luego la del hijo; también puede ser la espera del resultado de un examen, la respuesta a una carta o a una demanda de trabajo.

Estar a solas consigo mismo, puede ser una experiencia terrorífica de la cual se quiere huir. Puede ser también la esperanza de un reencuentro apacible.

¿Es muy pequeño para entender?

Cuando estamos conversando en familia acerca del próximo cambio de colegio, de niñera, de casa o de país; cuando el ambiente en el hogar presenta modificaciones porque nace un hermano, se divorcian los padres, se aleja algún familiar por estudio, trabajo u otros motivos; cuándo la madre, que hasta ese momento pasaba muchas horas fuera de casa, de un día para el otro empieza a quedarse más tiempo...¿qué pasará por la mente de los niños?

Ningún niño- aún desde la más tierna edad- es indiferente a los movimientos que se generan alrededor de él: su sensibilidad para percibir las diferencias es incluso mayor que la nuestra.

Habrán observado ustedes cuántos niños intuyen el embarazo de su madre, mucho antes de que ella misma lo confirme.

¡Cuántas veces, luego de una disputa en el hogar, el niño se queja de dolor de oídos- como si los gritos proferidos los hubieran dañado- vomita o presenta un acceso de tos!

Cuando en la familia se vive un clima depresivo o melancólico es frecuente que los niños asuman el papel de "animadores" haciendo payasadas y hablando sin parar, como si intentaran levantar el ánimo y entretener a los adultos cabizbajos que insisten en que "está todo bien".

43

Los padres, más ingenuos que los hijos, decimos: *"Pero si no le hemos dicho nada...El no sabe de qué estábamos hablando...No hemos mencionado el tema delante de él...Estaba jugando y no prestaba atención..."*

Tengan por seguro que esos niños que parecen estar distraídos, en su mundo o atendiendo su juego: tienen el "radar" encendido todo el día, algunos incluso de noche. Cuanta menos información reciben, más sofisticado es el método de "espionaje" que deberán poner en marcha.

Un niño confiado en que va a ser notificado de todo aquello que atañe a su vida no permanece expectante ni persigue ansioso las señales y gestos que puedan confirmarle sus sospechas.

No hay nada más revelador para un niño que un súbito cambio de tema cuando él llega, una puerta que se cierra en un instante preciso, las frecuentes visitas o llamadas telefónicas de una persona que parece cobrar una importancia que antes no tenía.

Ante estas novedades:

Un niño que habla y que, sabe será escuchado, pregunta: *"¿Quién es?... ¿Qué te dijo?... ¿Con quién hablabas?... ¿Qué estaban diciendo?"*, y sin detenerse afirma *"Tú dijiste... yo escuché... ya sé lo que decían..."*

Un niño que sabe que no van a hablar con él, no hace ningún comentario, pero se angustia y aparece algún síntoma.

Si los niños son pequeños y aún no hablan, se mostrarán más inquietos que de costumbre, llorarán sin sentido aparente y con sólo percibir un tono de angustia en la conversación que mantienen los adultos comenzarán a arrojar sus juguetes, a hacer ruido o a interrumpir de una u otra manera.

A riesgo de ser reiterativa, no puedo dejar de transmitir la importancia de tener en cuenta que los niños saben más de lo que nosotros suponemos que saben. Lo que no saben, lo sospechan y la sospecha es inquietante, todos lo hemos vivido.

La mejor manera de tranquilizar a los niños cuando se va a producir un cambio o se está atravesando una crisis es explicar con palabras simples lo que está sucediendo: *"Estamos pensando en cambiarte de escuela, puedes decirnos lo que piensas, pero no te preocupes lo decidiremos los mayores"*... *"Mamá ya no trabaja fuera de casa, tal vez cueste un poco acostumbrarse, es un cambio para todos"*... *"A partir del lunes te quedarás un rato en la guardería, estarás con personas muy amables que jugarán contigo y te cuidarán mientras mamá y papá trabajan, después estaremos juntos nuevamente"*...

El niño maravilloso

Lo confesemos o no, para nosotros los padres, nuestro hijo es maravilloso... o debería serlo: su vida será mejor que la de sus padres, podrá gozar de todos los privilegios, no padecerá enfermedades, no renunciará al placer, ni verá limitada su voluntad. Hasta- quién sabe- podría realizar nuestros deseos incumplidos.

Una vez que creamos para él ese lugar de privilegio, cuesta aceptar que, finalmente, nuestra pequeña maravilla, es un humano más, sometido a las mismas leyes de la naturaleza y de la sociedad que el resto de los humanos.

Este proceso conlleva siempre un grado importante de renuncia y de desilusión, para nosotros y para nuestro hijo.

Existen situaciones en las que esta renuncia se nos complica particularmente:

Cuando se hace evidente que el niño no es TODO para su mamá: ella tiene deseos de vivir y hacer cosas más allá de él. A menudo las madres no saben cómo decir a sus hijos *"yo te quiero mucho, pero también quiero a mi hombre y me gusta mi trabajo o encontrarme con mis amigas"*.

Cuando el niño queda EXCLUIDO de la relación de la madre y el padre (o sus respectivas parejas) .

Para muchos padres es sumamente difícil decirles a sus hijos *tú no puedes dormir al lado mío, este es el lugar de tu padre- o de tu madre-* si se trata de una niña.

Cuando es preciso imponerles normas de alimentación, de higiene, de orden, de comportamiento, horarios, etc. A menudo solemos decir "*es muy pequeño aún, pobrecito, que aproveche*", y está de más decir...el niño aprovecha. ¿A quién le gusta ver limitada su voluntad?

Cuando, en sentido opuesto a lo comentado en el punto anterior, le exigimos una precocidad que nada tiene que ver con sus capacidades y sus tiempos reales, sintiendo una gran frustración cuando su respuesta no es la que nosotros esperábamos.

Este aprendizaje nunca se realiza de una sola vez y para siempre. La tarea requiere nuestra firmeza, una y otra vez. Ejercer la autoridad no es otra cosa que demostrarles- no solo decirles- a nuestros hijos que ellos no gobiernan. Pueden reaccionar con rabietas, pero el alivio de saber que hay adultos a quienes ellos no podrán manejar a su antojo es incomparablemente más grande que la ofensa del momento.

Para el niño significa que no está solo frente a sus impulsos.

Un niño que cree demasiado en sus privilegios, en su poder, que logra atemorizar con sus amenazas y sus caprichos no tardará en tener a sus padres, y luego a todos los que lo rodean, como súbditos. Y un niño jamás puede ser un buen rey.

¡Qué mocosos!

En este último tiempo, desde muy diferentes luga-res, me hicieron la misma pregunta: *"¿Qué es un niño?".*

Al principio me sorprendí, puesto que uno no está acostumbrado a explicar lo que le parece obvio. Lue-go de reflexionar unos minutos, me surgieron las si-guientes inquietudes:

◉   ¿Será posible hablar de "el niño" como si fuera una categoría, o habrá que hablar de los niños?

◉   ¿Existe una separación radical, entre la infancia y la adultez, respecto al tipo de pensamiento, de lógi-ca, de maneras de desear, de percibir la realidad?

◉   ¿Es el niño un adulto en miniatura o un adulto en potencia?

◉   ¿Se abandona definitivamente el mundo de la in-fancia?

◉   Si todos fuimos niños ¿porqué es tan difícil com-prenderlos?

◉   ¿Qué pasó con nosotros que no nos acordamos de cómo era ser niños?

◉ ¿Porqué tantas veces pedimos a los niños que se pongan en nuestro lugar y tan pocas veces nos ponemos en su lugar?

◉ ¿Porqué los niños muestran una curiosidad permanente por las cosas de los adultos y los adultos no mostramos la misma curiosidad por las cosas de los niños?

No es mi intención responder- al menos en esta ocasión- cada interrogante, sino más bien remover algunos prejuicios que llevamos a cuestas.

Recuerdo cuando a los 3 años mi hija no quería entrar al mar. Se acercaba a la orilla pero le temía a las olas. Después de intentar, en vano, transmitirle todas las razones por las cuales no debía temer estando al lado de papá o mamá, se me ocurrió mirar el mar desde la altura de ella. Ahí entendí lo impresionante que eran aquellas olas para una niña de ese tamaño.

No olvido el día en que llevamos a la pequeña al jardín zoológico. Hasta ese momento, los animales eran dibujos animados o personajes de historietas o cuentos. Por fin conocería a los animales de verdad. Para nuestra sorpresa, la niña miraba a los animales como si fueran parte del paisaje y se apasionó jugando con un gatito que paseaba fuera de las jaulas. Era lógico, para ella el gato estaba al alcance de su mano, podía tocarlo, acariciarlo y perseguirlo.

Algo parecido sucede cuando los niños pequeños no quieren caminar por lugares atestados de gente: debido a su corta estatura los demás no los ven y ellos, sólo ven piernas.

El otro día, una niña de 4 años se comía los mocos, como de costumbre, a pesar de ser regañada. Sus amigas, más grandes, ya no lo hacían pero reían al verla. Les pregunté *¿Porqué a los niños les gusta tanto comérselos?*. Me contestaron: *"porque son muy ricos, tienen gusto salado ¿nunca los probaste?"*.

Por supuesto que estas anécdotas no pretenden sugerir que a los niños debemos dejarlos comerse los mocos, evitarles el mar o el Zoo y llevarlos siempre en brazos.

Lo que quiero mostrar a través de ellas es cuánto podríamos aprender acerca de la infancia si nos amigáramos con el niño que fuimos o nos pusiéramos a la altura de los mocosos que tenemos al lado.

Quiero ser grande

¿**A**lguna vez se detuvieron a pensar la tremenda impotencia que siente un niño por saberse tan dependiente de los adultos?

Siempre me conmovió ese banquillo dejado en la cocina o en baño, testigo de la pequeñez de un niño que usó sus medios para alcanzar aquello que necesitaba o deseaba.

La extrema dependencia es tan obvia y nos parece tan natural que apenas nos percatamos que está presente en cada momento de su vida: *"mami, alcánzame... mami, no llego... mami tengo sed... papá llévame...no puedo... ¿Qué hago?... ¿Cómo hago?... etc."*

Su indefensión no es sólo física sino también afectiva. Dependen de los adultos para calmarse, para entender lo que les pasa, para saber lo que sienten, para tener explicaciones acerca de las cosas del mundo que empiezan a conocer.

Cuando son más grandes y tienen libertad para expresarse dicen directamente: *"Quiero ser grande para faltar a la escuela cuando quiera, para decidir no ir a la casa de los tíos y para cruzar la calle solo...".*

El juego, además del aspecto lúdico que implica un placer en sí, da la posibilidad a un niño de hacer activamente lo que sufrieron pasivamente: así es como luego de volver de la visita al médico, hacen con sus muñecos, hermanos o amigos lo que el médico hizo con ellos; cuando juegan a la maestra disfrutan regañando a sus alumnos y si hacen de mamá o papá, utilizan las expresiones que suelen estar destinadas a ellos: *"Deja de hacer eso o te castigo... no puedes moverte de ese lugar dónde te he dejado...quédate quieto..."*.

El mundo imaginario en el que pasan gran parte de su vida y las fantasías que habitan ese mundo (princesas afortunadas, luchadores triunfadores, brujas malvadas, personajes malditos o, al contrario héroes bienhechores) son la manera que tienen los niños de vivir otra realidad que no tenga los condicionamientos y las limitaciones de la vida cotidiana.

¿Cómo hacerles menos penosa esa dependencia ineludible que tienen hacia nosotros?

⊙ Evitando que se sienta humillado por ser pequeño y por lo tanto más torpe, más distraído y más ansioso que los adultos para manejarse solo...supuestamente: *"Es lógico que no te salga tan bien, a mí me llevó mucho tiempo conseguir hacerlo bien..."*

⊙ Estimulando cada uno de sus progresos hacia la autonomía: *"qué bien, puedes hacerlo solo, yo confiaba en que si te lo enseñaba ibas a lograrlo..."*

⊙ Recordando y haciéndoles saber que nosotros también fuimos niños y sabemos cuanto molesta tener que esperar que un grande esté dispuesto y tenga ganas de dedicarse a los niños. Cuantas veces tienen que escucharnos decir: *"Mamá está cansada...espera un poco...ahora no puedo..."* (aunque sea cierto, es más respetuoso acompañar estas frases con alguna expresión del estilo": *Yo te entiendo, es natural que quieras que te cuente un cuento o que quieras jugar, no me olvido, pero espera sólo un tiempo para que yo también tenga ganas")*

⦿ No actuando como sus dueños: *"Tienes que hacerlo porque yo lo digo... yo sé lo que tu quieres comer..."*

"Feliz de la generación en que los grandes oigan a los pequeños, porque así los pequeños escucharán a los grandes", dice El Talmud.

Quiero aprender a ser grande

Del comentario anterior "Quiero ser grande"[2] se desprende un tema que merece toda nuestra atención.

Esa natural indefensión física y afectiva del niño a la que hacíamos mención en el citado comentario, lo somete, como decíamos, a una extrema dependencia en la relación con los adultos. La dependencia genera a su vez un fatal sentimiento de impotencia por su inferioridad.

¿Qué hacemos los padres -los adultos en general- frente a ese sentimiento que padecen los niños?

Existen en general 2 tendencias:

1. La tendencia a sobreproteger al niño, tratándolo como "pobrecito", corriendo tras él para evitarle las frustraciones, las caídas y los errores que lo ayudarían a aprender cómo y cuando se pueden hacer determinadas cosas.

El riesgo de este comportamiento es el de mantener al niño alejado de la experiencia que lo fortalece y que promueve con cada logro un aumento de su autoestima.

---

[2] Publicado en www.mipediatra.com.mx

2. La tendencia a abusarse de la dependencia que tiene hacia nosotros.

Sin llegar al extremo del maltrato evidente, hay maneras sutiles de hacer sufrir a un niño: bajo el lema de "respeto a los mayores" los niños a menudo deben acatar órdenes- arbitrarias y contradictorias- que no comprenden, por temor a perder el amor de los padres.

En este sentido obran también las amenazas y los chantajes, que inspiran miedo, pero no respeto.

Cualquiera de estas dos tendencias contribuye a menoscabar la autoestima del niño:

⊙ En la sobreprotección, en el fondo, se está considerando al niño como a un inválido, incapaz de asumir las consecuencias de sus actos y de valerse por sí mismo. De este modo, sólo se conseguirá reforzar la dependencia y el sentimiento de impotencia.

⊙ En el abuso de poder, según la intensidad y frecuencia del abuso, es posible engendrar resentimiento, odio, sed de venganza o bien una apatía producto de la resignación y de la desaparición del espíritu de lucha.

Un niño crece feliz, más allá de las circunstancias por la que tenga que atravesar, cuando conserva su alegría de vivir. Para crecer necesita que le enseñen con amor, ni sólo rigor, ni sólo misericordia: *"Lo que hiciste no era lo conveniente, la próxima vez podrás encontrar otra manera que te de mejor resultado, yo confío en ti".*

A los padres nos gusta sentirnos orgullosos de nuestros hijos y pocas veces pensamos en lo importante que es para ellos sentirse orgullosos de tenernos como padres.

¿Porqué juegan los niños?

Recientemente observaba el juego de 4 niñas: Margarita y su amiga Mora, ambas de 7 años, Celeste de 5 años y Lucy de 4 años. Jugaban a la maestra: había una directora "*monstruosa*"- según palabras de ellas-, una maestra "*malísima*", una alumna que intentaba obedecer y la madre de esta niña que la regañaba constantemente a fin de que hiciera las tareas.

Se escuchaban frases del estilo de: "*Te vas ya del aula... cierra la boca inmediatamente... no te levantes o irás con la directora... quédate quieta... eso está muy mal hecho... tienes que hacer todo otra vez... no molestes a tus compañeros...*"

El tono no era precisamente cariñoso y tierno, se trataba de imperativos proferidos a los gritos. A tal punto era ruidoso ese clima que tuve la (mala) idea de entrometerme:

-¿Pasa algo niñas?

- *No, mamá* -responde enojada Margarita- *déjanos, el juego es así...es una escuela dónde maltratan a los niños, yo soy la directora, Mora la maestra, Celeste la alumna y Lucy su mamá.*

- ¿Y los padres saben que hacen eso con sus hijos?, pregunto yo.

- Claro, no ves que Lucy es una mamá y la obliga a ir a esa escuela... bueno, ahora puedes irte que tenemos que seguir jugando.

La observación del juego nos muestra que no son sólo situaciones de ensueño las que los niños comparten y disfrutan. En general no hay una escena, por más idílica que parezca en sus comienzos, en dónde en algún momento no surja un personaje "monstruoso" que humilla, exige, grita. Puede ser una mamá, una maestra, un dentista, un policía, etc.

Los roles suelen intercambiarse: *"está bien primero eres tú el malo, después me toca a mí"*, aclaran los niños, dejando bien en claro que se trata de un juego y que por lo tanto cada uno puede elegir lo que quiere hacer.

¿Porqué esa preferencia por los juegos en los cuales intervienen, aunque sea en una dosis mínima, el miedo y la angustia?

1. Porque, justamente a través del juego los niños procesan lo que ven, lo que escuchan, lo que fantasean, lo que temen y lo que padecen.

2. Porque el juego es la posibilidad que tienen de hacer activamente lo que sufren pasivamente.

Esto no significa que el juego sea un fiel reflejo de la realidad objetiva del niño, de lo que se trata es de su realidad subjetiva.

Un niño juega verdaderamente cuando puede entrar y salir del juego con naturalidad, si se lo toma muy en serio, el tema lo compromete afectivamente. Sucede como cuando nosotros los adultos vemos una película: si no creemos nada de lo que estamos mirando, la película no tiene encanto; si lo creemos demasiado, nos confundimos con el personaje.

Como dijo una de las niñas: "Jugar es tener un tiempo (mucho tiempo) para hacer lo que no se puede hacer en la realidad".

¿Porqué pelean los niños?

"Me quitó el lugar"
"Se burla y dice que soy gorda"
"Ella no quiere ser más mi amiga y ahora está   con Lili"
"No presta sus juguetes"
"Me molesta"
"Golpea a propósito"...

Entre humanos- hermanos, amigos, compañeros y más adelante novios o esposos- inevitablemente surgen peleas, discusiones, rivalidades, celos o simplemente fastidio. ¿Porqué habría de ser diferente? En toda convivencia hay períodos de enamoramiento, (*"nos amamos"... "somos íntimos"*) y períodos de desencanto, (*"lo odio"... "no la quiero ver nunca más"*).

Está en la naturaleza humana suponer que los demás debieran ser iguales a uno y tolerar las diferencias es un largo aprendizaje que dura toda la vida. Las diferencias en general son vividas como una cuestión de inferioridad o superioridad. El sentimiento de inferioridad genera un sentimiento de impotencia y de dependencia; el de superioridad produce irritación y tensión en los otros.

Sé muy bien que las peleas entre niños exasperan a los padres, quienes a pesar de haber intentado todo- penitencias, gritos, amenazas- no logran disminuir la agresividad. Es importante aclarar, que en los niños pequeños no existe la intención de causar daño, y su reacción es un mecanismo de defensa frente a una frustración o a una desilusión.

Quizás pueda servir de ayuda en los momentos de tensión, pensar que:

1. Cuando un niño se ensaña con otro es porque existe entre ellos una atracción, un interés especial: en sus juguetes, su silla, sus habilidades, su desenvoltura, sus padres.

2. Un niño -como todo ser humano- supone que lo del otro es mejor que lo suyo y desea estar en su lugar.

3. La defensa ante esa suposición es ostentar lo propio, mostrando las plumas, como el pavo.

4. La pelea surge ante la impotencia de los niños para intercambiar sus cosas o para separarse. No pueden ni juntarse ni alejarse.

Si ustedes observan o escuchan los actos y dichos de los niños en medio de una pelea notarán que siempre uno de ellos arrebata algo al otro, y cuando ya manejan el lenguaje, en el diálogo estarán siempre presentes las expresiones del estilo: *"ES MIO... YO... DAME... YO LO QUIERO... EL MIO ES MEJOR... LA MIA ES MAS GRANDE..."* La tensión es al principio sutil y manejable pero puede también ir subiendo de tono y causar mucho ruido y estruendo.

Las intervenciones deberían apuntar a ayudar a cada uno de los niños a:

⊙ Reconocer el valor de sus pertenencias, sus aptitudes, su creatividad, su iniciativa y la de los otros": *Mira tu también tienes un cochecito, pero es verde, no tiene puertas pero lleva dentro un conductor"...*

⊙ Aceptar las diferencias sin emitir juicios de valor acerca de lo que es mejor o peor: "*Es cierto que Lucía tiene el cabello más largo, pero a ti te queda precioso ese peinado porque se te ven los aretes"... "Tal vez su papá tenga más dinero que el tuyo, pero está tan ocupado con los negocios que no tiene tiempo para jugar con sus hijos"...*

⊙ Conocer sus debilidades y las de los demás: *"Es verdad que Francisco dibuja muy bien, pero tu tienes una letra hermosa"... "Ella quisiera ser tan sociable como tú, por eso te pelea cada vez que tu vas con otras amigas"...*

Vale la pena recordar que lo contrario del amor no es el odio, sino la indiferencia.

Los monstruos no existen, el miedo sí

Cuando se es niño, tener miedo es tan común como tener dolor de estómago.

El miedo habla de un sentimiento de indefensión ante una situación o una persona (reales o imaginarias).

Un individuo -niño o adulto- siente miedo cuando supone que no cuenta con defensas propias o con alguien que lo defienda para enfrentar aquello que teme.

Un niño por su corta edad y falta de experiencias está más indefenso y por lo tanto el miedo es más recurrente y frecuente.

Es importante distinguir:

◉ El miedo necesario -compartido por chicos y grandes- que actúa como señal de alarma ante posibles riesgos o peligros (caerse por la ventana si se asoma, ahogarse en el mar o piscina si no sabe nadar, quemarse si toca el fuego, cruzar la calle sin mirar, etc.).

◉ El miedo que resulta de las experiencias traumáticas (malos tratos, abandonos, desapariciones bruscas, escenas de agresión, etc.)

◉ El miedo cuyos motivos parecen irracionales, no afloja con argumentos lógicos y suele provocar inhibiciones y conductas tendientes a evitar la situación conflictiva (no ir a cumpleaños para evitar los payasos, negarse a asistir a determinado lugar porque puede haber un esqueleto suelto, etc.)

Esta distinción recae sobre el **motivo** del miedo, pero no sobre el sentimiento. **El miedo es siempre real**, tanto es así que se expresa también en el cuerpo (sudor, palidez, cólicos, temblor).

Cuando un niño le teme a los monstruos: los monstruos no existen, pero el miedo sí.

Al decir "no existen" tampoco estamos diciendo la verdad. En la imaginación existen. Esta es la razón por la cual los niños no se alivian con esa afirmación y responden *"pero de todos modos tengo miedo"*.

Las respuestas de los adultos acerca de sus respectivos miedos no son muy distintas: *"ya sé que hay más accidentes automovilísticos que accidente aéreos, pero yo tengo miedo de viajar en avión"*.

Volviendo a los niños ¿cómo ayudarlos cuando tienen miedo?:

Comprendiendo que se siente mal, aunque a los demás les parezca absurdo.

Transmitiendo que todos en algún momento tuvimos o tenemos miedo.

Relatando alguna experiencia a través de la cual fue posible vencer el miedo.

Estimulando la expresión de sus fantasías e ideas: contar, dibujar o dramatizar todo lo que se les ocurra respecto a la situación o personaje temidos: *"¿Qué querrá el fantasma? ... ¿Será malo o bueno? ... ¿Porqué habría de elegir esta casa?*

Para finalizar, es bueno recordar que ser valiente no es no tener miedo, sino hacer lo que uno tenga que hacer a pesar del miedo.

Los niños saben...

Habrán observado ustedes -que se interesan en la psicología infantil- la inmensa capacidad de los hijos para captar ·tanto el estado de ánimo y el humor de sus padres (expresados en el rostro, en el tono de voz, los puños crispados, los suspiros) como también sus más inconfesables anhelos (aquellos que no se expresan en voz alta).

Los niños no están sólo dónde parecen estar. Ellos se encuentran en pleno juego, haciendo la tarea o comiendo; hablando solos debajo de la mesa o en el cuarto de al lado... sin dejar por ello de interesarse en lo que dicen o hacen los adultos.

Es entendible. No quieren perderse la menor oportunidad de saber algo acerca de esos seres amados de quienes su existencia depende. Es como si a cada instante estuvieran "deshojando la margarita": me quiere... mucho... poquito... o nada.

El sentido de la vida de un niño es saberse amado por sus padres y muchas de esas increíbles hazañas que parecen tan incomprensibles a nuestros ojos, se tornan evidentes cuando entendemos que lo que está en juego es no perder ese amor.
Ejemplos:

- Si para mamá, amar es igual a dar de comer, un niño puede llegar a ser obeso para satisfacer a la madre (o al contrario, dejar de comer para que ella pruebe que lo ama de todas maneras).

- Si para papá, amar es exigir la perfección de manera implacable, un niño puede vivir torturado intentando cumplir con ese imposible.

Si bien estos ejemplos son exagerados tienen la ventaja de transmitir la "química" existente entre padres e hijos.

Esa "química" sumada a la sensibilidad de un niño, agudo observador por naturaleza, actúa de manera tal que un hijo percibe de sus padres incluso lo que ellos mismos ignoran de sí mismos.

Recuerdo a los padres de una niña de 11 años que no podían entender la personalidad de su hija. Siendo ellos personas muy recatadas, austeras y respetuosas de las necesidades de los demás, la niña mostraba en cambio una actitud opuesta: libre, atrevida y poco interesada en los derechos ajenos.

La conducta de la hija, en aparente contradicción con el ejemplo dado por sus padres, expresaba sin embargo un deseo de libertad que en secreto albergaban sus padres, y que jamás había sido confesado.

Los hijos saben de nosotros, sus padres, mucho más de lo que nosotros suponemos que saben.

MAMÁ

*"Un solo ser te falta
y todo está bien"*

Lamartine

Mamá se va... pero vuelve

Quisiéramos evitarle a nuestros hijos todas las penurias, las dolencias, las heridas, las desilusiones, más... esto no es posible. Tampoco queremos que crezca en un mundo imaginario.

¿Entonces porqué no enseñarles desde pequeños a aceptar las frustraciones con las que se encuentra desde el nacimiento?

Mamá no es una presencia continua. Va y viene. Aparece y desaparece.

En la ausencia de mamá, está el osito de peluche, o una música, o el dedo para chupar o la manita que acaricia la oreja: todo eso que no es mamá pero que me la recuerda.

Si la ausencia se prolonga demasiado: sobreviene la sensación de vacío: el recuerdo de mamá se apaga.

Si mamá no desaparece ni un ratito: no hay espacio para aprender a hacer algo creativo con su ausencia, inventar juegos, sonidos, gestos que me representen a mamá.

Es necesario que pierda un rato a mamá para saber que después la recupero. Pues si no la pierdo nunca: ¿cómo sé que ella vuelve?

Todos los que estamos en contacto con niños comprobamos una y otra vez el atractivo que tiene para ellos (a partir de los 6 meses) jugar a "*¿dónde está el* *nene?"*, ocultando el rostro primero y escuchando su carcajada después, cuando lo descubrimos.

Alrededor de los 9 meses su juego preferido es arrojar objetos bien lejos y pedir que se los acerquen de nuevo.

Más grandes, conservan el placer de jugar a las escondidas, en todas sus versiones.

Estos juegos divierten tanto a los niños, porque les permiten atravesar esa dosis de angustia generada al no ver el rostro, objeto o a la persona que está escondida, y disfrutar de la alegría de recuperarlos.

Son experiencias que dejan una enseñanza: las cosas, las personas, la salud, el llanto, la alegría, la tristeza: van y vienen, aparecen y desaparecen… siempre habrá a mano "un osito de peluche".

¿Soy una buena madre?

Cuando hablaba con mi hija de las distintas carreras que se estudian en diversas Universidades, me preguntó **"¿y dónde se estudia para ser mamá?"**.

Su pregunta me generó nuevas interrogantes: ¿Se aprende a ser madre? ¿Hay un modelo o un ideal a seguir? ¿Una mujer se convierte en madre por el solo hecho de parir? ¿Se puede ser maternal sin tener hijos o tenerlos y no ser maternal?

Cada una de estas preguntas merece una profunda reflexión y un debate permanente.

En esta ocasión me interesa atender una inquietud recurrente en las mujeres: **la inseguridad respecto a si son buenas madres**. La duda suele surgir:

⊙ Cuando salen a trabajar y pasan poco tiempo con los niños

⊙ Cuando los tienen que privar de algo o prohibirles alguna cosa

⊙ Cuando piensan que consienten demasiado a sus hijos

⊙ Cuando se enojan porque el niño está muy fastidioso

⊙ Cuando escuchan a sus hijos decirles por ejem plo: *"no quiero ser tu hijo"* o *"¿para qué tuviste un hijo si lo haces llorar?"*

⊙ Cuando su propia madre, su suegra, las amigas o el marido, incluso hacen comentarios respecto al modo de criar a su hijo...

En esos momentos de vacilación en que dudamos de nuestra función, es bueno recordar que **no existe la madre ideal**, como tampoco existe el hijo ideal. Cada mujer tiene su estilo particular de ser madre: algunas disfrutan jugando, otras preparando comidas, otras inventando cuentos y canciones, otras sacrificándose por el porvenir de los hijos.

Lo esencial de la función de la madre no radica sólo en la cantidad de tiempo que se les dedique a los hijos ni en las distintas actividades que se realicen con ellos.

Ser buena madre no es no equivocarse nunca, no es entender siempre lo que le pasa a su hijo, no es tener todas las respuestas, no es estar siempre disponible, no es tener ganas siempre de estar con él... entonces ¿qué es?

Ser buena madre es comprender las necesidades de su hijo, aunque no pueda satisfacerlas todas. Es entender que una de las necesidades de los hijos es tener una madre humana, con fallas y debilidades, para darles a ellos la oportunidad de reclamar, de pedir, de defenderse, de cuestionar, de expresar su insatisfacción, de equivocarse también, sin sentir que eso los hace peores como hijos.

Ser buena madre es desilusionar a los hijos y aunque duela, poder decirles: *"mamá es así, hay cosas que no sabe, hay cosas que no entiende, hay cosas que no puede..."* y ayudarlos a que sepan y quieran buscar en otros lo que nosotras no les podemos dar.

Destetar a una madre

Cuando estaba atando los cordones de las zapatillas a mi hija de 3 años, tuvimos el siguiente diálogo:

- ¡Mamá! Dijo ella indignada alejándose de mí, ¿qué te diría una psicóloga de niños?

- No sé, respondí sorprendida de su reacción ¿qué me diría?

"Señora, no use a su hija de bebé", yo sé atarme sola los cordones.

Todas las madres tenemos en alguna medida, ese deseo, o esa necesidad corporal de tener un bebé y nuestros hijos lo intuyen. A veces haciendo de bebés, otras pidiendo un hermano, y muy a menudo durmiendo con sus padres en un clima de inocente beatitud compartida.

No obstante, no siempre se dan las condiciones para tener otro hijo y aunque se dieran tampoco es fácil pasarse la vida colmando la necesidad de bebés teniendo hijos.

Un niño pequeño desea a través de lo que desea la madre, durante el período de íntima unión con ella, como remanente de la vida intra- uterina.

Luego empiezan a aparecer los primeros gestos espontáneos del bebé, anunciando su incipiente personalidad, por ejemplo:

- ⊙ No quiere comer en los horarios establecidos por la madre

- ⊙ No duerme la siesta el tiempo que la madre estipula

- ⊙ No ensucia los pañales cuando su mamá lo espera

Si estos gestos no son comprendidos por la madre, el niño entiende que es conveniente adaptarse a los deseos de ella, luego será a los de ambos padres y el resto de sus vidas esperarán que los demás les digan cómo hay que pensar y actuar.

Exagerando un poco podríamos decir que un modelo ideal de hijo que aún tiene vigencia es *"el niño bien alimentado, abrigado y limpio"...* que ya no sabe lo que es tener hambre, no percibe en su cuerpo las sensaciones de frío o calor y la higiene es para él un ritual obligatorio y no una necesidad propia de estar aseado.

El ideal del "*niño bien alimentado, abrigado y limpio*" pareciera darle demasiada importancia a la apariencia, sin tener en cuenta la vitalidad, la creatividad, la personalidad y la capacidad de comunicación del niño.

Tal vez estas preocupaciones eran- o están- fundamentadas en épocas de guerra, de privación y de carencia durante las cuales la falta de alimento, de abrigo y de higiene causaban mortalidad infantil. Pero aún así, pensando en las situaciones más extremas ¿cómo explicar que algunas personas hayan sobrevivido a los campos de concentración, a pesar de las condiciones inhumanas de subsistencia?

La experiencia nos confirma que el ser humano puede vivir en la privación casi absoluta de sus necesidades, cuando mantiene viva dentro de sí, una esperanza, una promesa de placer.

Dijo un poeta francés: *"Todo está bien hoy: esa es la ilusión; todo estará bien mañana: esa es la esperanza".*

¿Cuál es la ilusión maternal? :

Suponer que lo que el niño necesita, es lo que nosotros queremos darle. No carece de nada. Estará colmado.

¿Cuál es la esperanza?

Confiar en que nuestros hijos tendrán el coraje de decirnos: *"mamá, ¿hasta cuándo me vas a hacer creer que puedo ser tu bebé?; yo ya sé dormir solo, sé cuando tengo hambre, sé cuando tengo frío, sé cuando me siento sucio: DESDE AHORA NO ME USES MAS DE BEBÉ, lo que tú necesitas, no es lo que yo quiero".*

¿Es mi necesidad o la de mi hijo?

Hace poco una mamá me decía: *"no es bueno que el niño esté separado de su madre, aunque no sé si él me necesita a mí o yo lo necesito a él"*. Me pareció una confesión muy valiente.

Las madres, más que los padres, a menudo damos por sentado que nuestro hijo nos necesita, sin detenernos a pensar en cada circunstancia, quién necesita a quién. Es evidente que un niño necesita a su madre o a quien ocupe esa función, lo que no es tan obvio es **qué** es lo que necesita de ella.

Los niños oscilan a lo largo de todo su desarrollo entre su anhelo de mantener idénticas las costumbres- los rituales, los mismos lugares, el mismo cuento, las mismas comidas- y su deseo de aventuras, de exploración, de probar cosas nuevas. Este deseo de ir hacia lo desconocido puede vivirlo sin dificultades cuando ha tenido **suficiente** de lo otro: ni siempre lo mismo, ni nunca lo mismo.

Cada paso en el crecimiento del hijo es un progresivo desprendimiento de la madre. Al principio el bebe tiene una ligazón muy intensa con su mamá y percibe el mundo a través de ella.

Alguna vez leí una frase que me impactó mucho- sobretodo que yo me encontraba en ese entonces en pleno idilio con mi bebé- y decía más o menos así: *"educar a su hijo es ayudarlo a separase de usted"*.

Sinceramente me costaba imaginarme separada de mi niña.

¿Cómo vivimos cotidianamente estas experiencias con nuestros hijos?

He aquí algunos ejemplos:

El destete (del pecho, el biberón o el chupón): muchas madres se preocupan al pensar que van a privar a sus hijos de algo fundamental para ellos. ¿Será realmente así? ¿No será que a nosotros nos cuesta aceptar que él ya no lo necesita? El niño, frecuentemente, mantiene ciertos hábitos por conformar a sus *padres*. Es como si dijera *"si yo abandono esta costumbre, mamá o papá, se pueden angustiar, no me conviene"*.

La confianza en otros cuidados que no sean los nuestros: en la guardería, con la niñera, la abuela o incluso con el propio padre. Existe la tendencia a pensar que nadie va a entender o a calmar al niño como lo hacemos nosotras, las madres. O bien, el niño no se encontrará a gusto con otras personas. Cuando surge este sentimiento, está faltando confianza. Si el niño percibe nuestra intranquilidad, no estará cómodo, aunque el lugar o los brazos propuestos sean muy apropiados.

Un hijo necesita la aprobación de los padres: estar seguro de que puede expresar abiertamente su necesidad de independencia, sin sentirse por ello amenazado ni culpable. Recién cuando termina su adolescencia, un hijo es capaz de hacer lo que realmente desea, aunque eso angustie o incomode profundamente a sus padres.

Para los hijos es terriblemente desolador sentir que los padres los necesitan cerca y que sin ellos se angustian. Y no saben cómo decirlo.

Madre: ¿Porqué me abandonaste?

Hace varios años, en Francia, a raíz de una publicación de Elizabeth Badinter -periodista y ensayista- se abrió un debate sobre la naturaleza del instinto maternal en la especie humana.

La autora plantea la siguiente pregunta: ¿Es el amor maternal un instinto que proviene de la naturaleza femenina o es efecto de un ideal cultural y por lo tanto varía con las épocas y costumbres?

La autora va más lejos aún cuando se pregunta si acaso no es maternal una madre que abandona o entrega generosamente a su hijo cuando ella misma no puede criarlo.

De aquel debate surgieron, a grandes rasgos, dos tendencias encontradas:

1. Una mujer tal, no tiene instinto maternal ya que se desprende de su criatura.

2. Esa mujer es tan maternal que, ante la imposibilidad de criar a su hijo, lo confía a otros brazos, para que el niño reciba lo que ella no le puede dar.

Tal vez a una cierta naturaleza de madres, le resulte impensable la idea de deshacerse de un hijo.

Pero puesto que también está en la naturaleza femenina el abandonar a los hijos, intentemos comprender este otro aspecto de la maternidad (al describirlo así, se desliza mi punto de vista al respecto).

Seguramente, algunos de ustedes recuerden el relato bíblico acerca del juicio del rey Salomón: dos mujeres se disputaban la maternidad de un niño recién nacido. El sabio rey reconoce a la verdadera madre en aquella que se niega a aceptar la propuesta de partir al niño por la mitad, tal como había sido sugerido por la otra mujer en cuestión.

Una madre verdadera, no negocia la integridad de su hijo. He aquí la trágica paradoja de la maternidad: para salvar a su hijo, es capaz de entregarlo.

No es tarea sencilla conocer el sentido de ese acto: ¿Es un impulso, una decisión consciente o una intuición? Habría que escuchar a cada mujer para poder responder.

Antes de emitir un juicio moral en contra de estas madres, vale la pena detenerse a pensar en algunos temas:

⊙ La mayoría de las veces no reciben ayuda ni aliento para criar a sus hijos.

⊙ Si en algún momento desearon interrumpir el embarazo, o evitarlo incluso, el deseo de gestar y de parir fue más fuerte.

Los hijos adoptados, que hablan naturalmente de su historia, suelen preguntar con relación a la madre biológica *"¿porqué no me quiso tener?"*.

A la luz de las ideas que acabo de exponer, la respuesta no puede ser muy simple.

¿Será que no lo quiso?

¿Extrañaste a mamá?

Es frecuente escuchar decir a las madres cuando se alejan por un tiempo de sus hijos: *"me extrañaste...qué amor... ite amo!..."* Regocijándose al comprobar que el pequeño, en su ausencia, ha pensado en ella (quizás con sufrimiento).

A pesar de que una gran mayoría de niños están bien fuera de casa si encuentran confianza, cuando se reencuentran con sus madres, dicen lo que ellas quieren oír.

De todos modos, no es cuestión de juzgar este sentimiento tan propio del ser madre, sino de comprenderlo.

Recuerdo, de mis años como maestra, los rostros angustiados de algunas madres al tener que dejar a sus hijos. Al ser muy joven y bastante inexperta, me conmovía esa imagen hasta el punto de no poder manejar la situación.

La directora, al observar esa cantidad de niños abrazados a su madre, aterrados de entrar a la sala, me llamó a un lado y me dijo: *"Diana, verá usted que cuando cierre la puerta sin asustarse, los niños confiarán en usted, porque sabrán que usted no tiene miedo".*

Sus palabras me parecieron algo duras, pero fueron dichas con tanta seguridad y convicción que puse en práctica la sugerencia.

De un lado de la puerta, quedaron los niños. Luego de un primer momento de perplejidad, me miraron, se miraron y ante mi propuesta: *¿Quién se anima a buscar los juguetes escondidos en la sala?*, salieron todos a recorrer cada rincón.

No todos. Algunos permanecieron junto a mí, observando, sin participar activamente durante cierto tiempo.

Del otro lado de la puerta, las madres. Algunas de estas mujeres, según me comentaron luego, sufrieron toda la mañana. En contra de su voluntad debieron abandonar la escuela: *"Sabíamos que los niños ya no lloraban, pero necesitábamos estar ahí".*

¿De qué da cuenta esta experiencia?

La angustia ante la separación se alivia cuando interviene en ese "idilio" entre la madre y el hijo, una persona que con seguridad, sin miedo y con cariño, asume los efectos de la separación.

Si de un lado de la puerta una madre llora, mientras que del otro lado, su hijo juega tranquilo, esta mamá necesita ser ayudada a soportar la separación.

El sufrimiento de la madre debe ser escuchado y tenido en cuenta para que el hijo no lo padezca.

⊙ ¿Cómo es posible ayudar a las madres a enfrentar ese vacío que sienten cuando el hijo se va?

⊙ Transmitiendo que la relación sigue viva, aunque no estén juntos.

Reflexionando acerca del centro de gravedad de esta cuestión: ¿El sentimiento de vacío está sólo relacionado con la ausencia del hijo?

Ocurre que ese dolor, se arrastra las más de las veces, desde los tiempos remotos de la propia infancia y obedece a un sentimiento de abandono.

Por alguna razón, a esa madre que sufre cuando su pequeño se aleja de ella, le duele todavía su niñez.

LA EDUCACIÓN

*"Después del pan,
la educación
es lo primero
que necesita un pueblo"*

Danton

Niños estimulados

Desde hace algunos años el tema de la *estimulación* se puso de moda, como si se incorporara una nueva faceta a la educación de los niños y al aprendizaje de las madres. Hoy en día tiene ese nombre que parece darle una categoría especial a un aspecto de la crianza y la educación de los hijos que muchos padres atendieron siempre intuitivamente.

Niños estimulados son aquellos que mantienen viva su curiosidad por todas las cosas del mundo. Su curiosidad se manifiesta de varias maneras:

1. De bebés, durmiendo cada vez menos de día, buscando con su mirada movimientos, colores y formas; descubriendo sonidos y olores.

2. Más adelante metiéndose en la boca todo lo que encuentren a su alrededor: es su manera de conocer el mundo, de incorporarlo.

3. Cuando empiezan a andar solos, investigan todo lo que esté a su alcance, y aquello que no está a su alcance, se lo procuran (trepándose, pidiendo a gritos que se lo acerquen.

4. Con la adquisición del lenguaje, tienen en sus manos una herramienta que les da infinitas posibili-

dades para demostrar su insaciable curiosidad: *"¿Y por qué?... Pero ¿Por qué? ¿Cómo? ¿Qué es? ¿Para qué sirve? ¿Quién lo hizo? ¿De dónde salió?* ". Sus preguntas apuntan tanto a las cosas triviales (objetos, aparatos, materiales) que ven por ahí, como a las cuestiones metafísicas acerca de Dios, del origen del universo, de la existencia de las cosas: *"¿Mamá existen las hadas?... ¿Y los extraterrestres?... ¿El horizonte se puede tocar?".*

Lo natural en el niño es querer investigar y conocer, explorar y preguntar. Cuando un niño no muestra el deseo de saber, algo lo está inhibiendo. Quizás sienta que su sed de aventura puede atemorizar a sus padres o que sus preguntas no serán bien recibidas.

En la medida en que tiene libertad con los límites de cuidado apropiados para la ocasión: *"puedes subirte a la silla, pero te enseñaré cómo debes bajarte para que no te lastimes",* para ir en busca de sus intereses y obtener las respuestas convincentes a sus preguntas, el niño mantendrá viva sus ansias de descubrimiento.

Por lo tanto, lo que es antinatural en un niño es no sentirse estimulado. En estos casos habremos de preguntarnos qué puede estar adormeciendo su curiosidad: ¿Será que no le hablamos lo suficiente?, ¿Será qué no estamos aún preparados para aceptar la inevitable incomodidad que significa un niño curioso: activo, dinámico, preguntón? ¿Será que tememos no saber cómo ponerle los límites?

Estimular a los niños, entonces, es no descuidar su apetito de conocimiento. El resto, lo hacen ellos.

Los límites

La dificultad para poner o aceptar "límites"- expresión tan utilizada que ya ni sabemos muy bien lo que significa- es uno de los problemas que trae mayores complicaciones en la crianza y educación de los hijos.

El clima que se genera hace de la convivencia un campo de batalla en dónde cada minucia de la vida cotidiana se convierte en una lucha por el poder.

Pero del mismo modo que con un niño hay que insistir sobre determinados principios una y otra vez, también nosotros los padres necesitamos detenernos a reflexionar acerca de esta dificultad.

Intentaremos plantear el problema desde dos puntos de vista:

La posición de los padres

Todos estamos de acuerdo en que a los niños no se les puede permitir todo y que no es sano dejarlos hacer lo que quieran a cualquier hora y en cualquier lugar. En realidad, nadie puede hacerlo. No obstante lo que decimos y pedimos no produce el efecto esperado.

A) Porque exigimos más de lo que un niño es capaz de respetar a determinada edad. Por ejemplo, el orden antes de los 4 años.

B) Porque nuestras órdenes suenan arbitrarias cuando no damos razones que a un niño le interesen. Por ejemplo, no es lo mismo decirle "*no te acerques al balcón porque no me gusta*", que "*ten cuidado, te podrías caer y si te caes, te rompes la cabeza, los huesos y podrías morirte*".

C) Porque pasamos por alto el orgullo de los niños, criticando sus modos o desvalorizando sus demostraciones. Por ejemplo, si uno dice "*¡Mira lo que has hecho!, ¡No debes servirte solo!, ¡Qué tontería es esa!*", el niño se siente ofendido. Al decirle en cambio: "*Veo que deseas aprender a hacer cosas solo, te enseñaré dónde están los peligros y cuándo y cómo puedes hacerlo*", no estamos descalificando al niño y lo predisponemos a aprender con la experiencia.

D) Porque muchos adultos creen que educar es subordinar o someter, sofocando todo intento de rebeldía. Esta actitud revela el temor de ver cuestionada su voluntad ante una personalidad que busca afianzarse. Demuestra también la falta de confianza en la propia capacidad para vérselas con un hijo que desea ser reconocido como persona y no domesticado como un animalito.

La reacción de los hijos

Ningún niño inteligente y despierto va a conformarse con cualquier negativa o cualquier prohibición. Según vaya creciendo exigirá respuestas más lógicas y más consistentes.

Los hijos no sólo aprenden a través de las palabras de los padres sino también a partir de sus actos. Si los hijos ven a sus padres descontrolados, desbordados, haciendo escándalos y escenas cuando no pueden resolver algo- por ejemplo con los mismos niños- no sabrán cómo aprender a enfrentar de otra manera las situaciones y habrá de su lado también: acciones semejantes.

No podemos pretender que nuestros hijos se calmen sólo porque a nosotros nos molesta su bullicio. Ellos necesitan saber porqué sería más beneficioso reclamar lo que desean, protestar por lo que les molesta o expresar su ofensa, con otros medios. Es responsabilidad nuestra ayudarlos a encontrar esos medios.

Los niños no aprenden solos

En los comienzos de su vida el bebé no se distingue a sí mismo del pecho de su madre, de su cuerpo en general. Todavía no sabe del todo cómo es estar fuera del vientre materno. No reconoce su propio llanto, ni sus manitas ni sabe que esos ruidos son de su estómago.

Somos las madres las que damos significado y nombre a estas experiencias. Cuando lo abrazamos, acariciamos, cambiamos, bañamos o hacemos dormir, le decimos: *"qué linda es **tu** pancita"* y él aprende que eso que acaricia mamá es **su** abdomen, *"mira como se mueven **tus** piernas"* y él aprende que eso que se mueve son **sus** extremidades".

El bebé va adquiriendo una existencia propia, una que poco a poco va reconociendo como propia, unas necesidades que cada vez van siendo más suyas. Al principio la mamá dice: *"tienes hambre"*, *"tienes sueño"*, *"quieres mimos"* y él tiene o quiere lo que la madre le dice.

Además de lo relativo a sus necesidades, el bebé escucha como su mamá le habla a él y como es mirado por ella: *"Qué hermoso es mi hijo"*, *"Hola Juan, ¿Qué te pasa hijo?"*, *"Mira a ese niño*- en el espejo- *eres tú, estás con mamá"*. Estas son frases y actitudes que le demuestran que él no es sólo un aparato digestivo: es alguien que tiene nombre y que los demás reconocen.

103

De este modo crece en el niño el sentimiento de existir como persona.

Al principio, el bebé **es** (la prolongación de) la madre. Luego, cuando se individualiza, **tiene** una madre.

Al principio, el bebé **es** un organismo, luego **tiene** un cuerpo.

Así va construyendo el **sí- mismo**, hasta que aproximadamente a los 2 años, proclama: **YO**. Antes decía "el nene" o "Juan" como lo llamaban los demás. Ahora, cuenta con su **YO**. Y nos lo hace saber con sus caprichos, sus negativas y sus rabietas ante todo lo que se oponga a su orgulloso **YO**.

Llegó entonces el momento de educarlo, pero no de domesticarlo.

Hasta entonces, el niño se adaptaba pasivamente a determinados hábitos, costumbres y rituales que sus padres proponían. A partir de esta etapa en la que hace su presentación ese **YO**, empieza la convivencia en sociedad.

¿Cuáles son los principales valores que debemos transmitir a nuestros hijos?

1. La prohibición de perjudicar intencionalmente el cuerpo propio- puesto que ya sabe que tiene uno- o el de los otros *"nadie debe hacer daño a nadie, tampoco los grandes debemos"*.

2. La solidaridad: a partir del momento en que el niño se siente poseedor de cosas, puede entregar algo de él. Primero, a cambio de otra cosa *"yo te presto mi pala, tú me prestas la tuya"*.

Más tarde podrá donar algún juguete que no use *"Es mejor regalar ese coche pues ya tengo muchos"*.

Alrededor de los 6 años es posible ponerse en el lugar del otro y entender, por ejemplo, que otro sufre o se ofende *"no le dije que no me gustó el regalo, pero es horrible".*

3. El respeto por la privacidad: cada uno tiene derecho a guardar sus secretos, intimidad y objetos. Nadie puede ser violentado en su interior ni ser desposeído de sus cosas a la fuerza "si quieres algo que no es tuyo debes pedirlo, no puedes tomarlo sin pedir permiso".

4. El respeto de las diferencias: existen muchas maneras de pensar y de ser. Los niños entienden rápidamente esto cuando uno les dice a menudo *"tienes derecho a pensar distinto, cuando seas grande quizás puedas usar esas ideas con tus hijos."*

5. El reconocimiento de las generaciones: los padres que le dieron la vida y/o que lo criaron (en caso de los hijos adoptivos) y los abuelos, que son los que le dieron la vida a los padres *"puede no gustarte visitar a la abuela, tendrás tus razones, pero recuerda que yo nací por que ella me dio la vida y gracias a eso naciste tú también".*

Amar a un hijo es también ayudarlo a aceptar su condición humana...y la de los demás.

"Mi hijo no hace caso"

No se deja vestir.
No quiere irse a dormir.
Se enfurece cuando le impedimos algo.
Hace berrinches.
Tiene rabietas.
No acepta límites.
...Ya no sabemos qué hacer.

¿Existen padres que en algún momento no hayan pronunciado- exasperados o vencidos -estas frases?

Pues, sí. Lamentablemente son aquellos padres, o educadores, que jamás consultan por los niños: son obedientes, callados, no molestan, no hacen ruido, se adaptan automáticamente a cualquier consigna, comen lo que les dan, duermen cuando se lo piden, no ensucian su ropa...¡ no traen ningún problema!
Si estos niños llaman la atención es por algún síntoma en relación al cuerpo (por ej.: enuresis, estrabismo, problemas dermatológicos, obesidad, etc...)
Aunque resulte paradójico, debemos entender la rebeldía, la desobediencia, el negativismo, las rabietas y los berrinches como signos positivos y expresivos de una personalidad en formación.

Hemos comentado en otras oportunidades que esta etapa del desarrollo se evidencia alrededor de los 2 años.

Si un niño a esta edad no da ninguna señal de oposición- entrega sus juguetes con demasiada facilidad, no se ofende, no protesta ni se defiende cuando le sacan o le niegan algo- **debemos preocuparnos: ese niño tiene miedo de exponerse.** En el mejor de los casos, necesita mantener en secreto sus verdaderos deseos. En el peor de los casos, ya no sabe lo que desea o no desea.

Ahora sí- a partir de la explicación de estos aspectos fundamentales para la comprensión del desarrollo de la personalidad en el niño- podemos ocuparnos de las dificultades de los padres durante este período.

Dicho en otras palabras: el primer paso para abordar el tema es reconocer lo complicado que resulta para los padres y/o educadores vérselas con unos niños que- a pesar de la torpeza, la inmadurez y la impulsividad propias de la edad- intentan comunicar su gusto, sus ganas, sus necesidades, su vitalidad, su ritmo, su desacuerdo, como pueden.

No queremos sofocar la expresividad del niño. Tampoco debemos dejarlo librado a sus impulsos. Cualquiera de estas dos posiciones termina siendo destructiva y lleva a la enfermedad.

¿Significa esto que hay que dejar actuar al niño según sus antojos? Por supuesto que no. ¿Es posible respetar su individualidad sin dejar de ejercer la autoridad? Por supuesto que sí.

Mi experiencia -como madre y como profesional- me confirman que:

⊙ Un niño que se siente respetado, respeta; si se siente engañado, miente.

⊙   Un niño que se siente escuchado, escucha; sabe que hablar vale la pena.

⊙   Un niño al que se le dan razones verdaderas y válidas, aprende que nadie - no sólo él- puede hacer todo lo que quiere en cualquier momento.

Una buena manera de poner en práctica estas ideas, cada vez que tengamos que limitarlos es decirles: *"yo entiendo que tú en este momento tengas ganas de otra cosa, ya veo que hay decisiones que a ti te gustaría tomar, eso significa que has crecido, pero…lo que tu pides no es posible ahora… o no es posible nunca para nadie, tampoco para papá y mamá… o puede ser peligroso si no lo sabes usar, espera a que te lo enseñemos…"* dependiendo de lo que esté en juego.

Jamás obtendremos buenos resultados oponiendo a sus caprichos, los nuestros. Ellos quieren y necesitan saber porqué no pueden hacer lo que les da la gana. Exigen respuestas sinceras.

Para terminar, una pregunta a modo de ayuda: ¿Cómo les gustaría ser tratados a ustedes cuando desean muy intensamente algo de lo cual se tienen que privar?

¿Porqué no debo?

Ignacio de 4 años corría de un lado al otro del restaurante junto a su amigo Nico de 2 años. La madre de Ignacio, gritaba, incansablemente, *"no corras"*. Ignacio seguía corriendo. *"Aquí no se corre"*, agregaba su madre. Ignacio seguía corriendo seguido por su amiguito. *"Ven, siéntate"*. Ignacio, como si nada. La mamá de Nico acotó, en otro intento por frenarlos: *"si no vienen a sentarse, me tomo la coca de Ignacio y las papas fritas de Nico"*. Los niños, como si no escucharan, seguían su frenética carrera, atravesando mesas, sillas y gente (un poco fastidiada, obviamente, por el alboroto). Como era de esperar, en determinado momento se escuchan llantos y gritos. Uno de los niños se tropezó, cayó y se lastimó. Las madres alteradas, se movilizaron para ver lo que había sucedido con sus pequeños. Uno de ellos había recibido un fuerte golpe en la frente y escuchaba a su madre repetirle:*"Ves, yo te dije, te lo dije "*mientras su amigo miraba consternado.

¿Porqué comento esta anécdota? Porque es un clásico: la vimos, la vivimos o la oímos cotidianamente.

No sé nada de la historia de estos niños y sus madres, pero ese incidente, bastante trivial- que puede suceder con Paula, Víctor, Lucía, Manuel, etc.- nos permite reflexionar acerca de determinados "vicios" presentes en la educación y crianza de los hijos:

1. Los imperativos del estilo *"no corras", "no toques", "no hagas",* lejos de lograr el efecto esperado, producen el efecto contrario. El niño no encuentra en esas frases ninguna razón convincente que le ayude a comprender el sentido y las consecuencias de su acto. Con ese tipo de órdenes, aprende a imponerlas él también: *"dame", "ven", "llévame",* etc.

2. La educación basada en el chantaje: *"si no vienen a sentarse, me voy a tomar la coca…",* enseña al niño a utilizar el mismo método para obtener lo que desea: *"si no me lo compras, rompo todo".*

3. Estos métodos no son ni buenos ni malos en sí mismos, pero no producen ningún efecto de aprendizaje: los niños siguen corriendo.

4. Ante la falta de explicaciones que adviertan acerca de los riesgos reales[3] de su conducta, el niño encuentra el límite en la experiencia: tropieza, cae y se lastima. Este momento puede adquirir distintos significados según cómo se hable acerca de ello:

⦿ Si le decimos *"ves, te lo dije",* estamos reforzando la creencia del niño en el poder absoluto de la madre (o de los adultos en general). Sucedió lo que mamá dijo que iba a ocurrir. Golpearse no es entonces la consecuencia lógica y posible de determinados actos, sino el cumplimiento de la profecía.

---

[3] Reales, significa que existen objetivamente, incluso para los adultos.

⊙ Si lo consolamos de su dolor, respetando su frustración y diciendo, por ejemplo: *"has querido tener tu propia experiencia, afortunadamente ha sido sólo un golpe. Ahora ya sabes que correr en lugares como estos tiene sus riesgos"*, el niño sabrá más acerca de la realidad, (esto es mucho más importante que dejar de hacer algo para darle gusto a mamá).

Los niños deben estar advertidos acerca de los peligros a los cuales se exponen. No debemos asombrarnos de que quieran conocerlos y tener su propia experiencia: necesitan ver para creer y estar en el lugar del hecho. Es su naturaleza.

¿Qué aprenden los niños de los adultos?

La verdadera educación, la que deja auténticas enseñanzas, no es la que pregonamos a través de nuestros sermones morales y nuestros discursos. Estos, no sólo no despiertan interés en los niños sino que causan fastidio: los más atrevidos se tapan los oídos cuando hablamos, los más recatados esperan pasivamente que se terminen.

Si uno pregunta a los niños qué es lo que más les molesta de los adultos, se va a encontrar dos respuestas típicas: " que prometan y no cumplan" y "que nos exijan cosas que ellos no hacen ".

Se refieren específicamente a determinadas situaciones, cuando:

- Les pedimos que no griten y a veces se lo pedimos gritando

- Les enseñamos que no deben interrumpir y nosotros los interrumpimos constantemente

- Les queremos transmitir que no hay que mentir y ellos perciben que los adultos no somos siempre sinceros con ellos y los privamos de verdades muy importantes

- Los obligamos a cumplir con lo que prometen y nosotros mismos no nos comprometemos a cumplir con ellos.

Estas observaciones que los niños y los jóvenes hacen de nosotros los adultos deben hacernos reflexionar acerca de nuestra manera de actuar:

⊙ Somos contradictorios: predicamos una cosa y hacemos lo contrario. ¿Qué es lo que ellos desearán imitar: nuestras palabras o nuestros actos?

⊙ Nuestra actitud demuestra una falta de valorización de la capacidad que tienen para observarnos y juzgarnos. ¿Creemos que no se dan cuenta?

Los hijos quieren aprender de sus padres, quieren entender porqué es preferible la verdad a la mentira; quieren saber como se hace para no relacionarse a través de los gritos. Les interesa conocer el valor que tienen las palabras, cual es el beneficio de no interrumpir.

Por amor desean parecerse a ellos. ¿Han visto a las niñas actuar con sus muñecas como la mamá hace con ellas? Cuando la madre es atenta y afectuosa, la hija acuna a su bebé, si la madre es un poco distraída, la muñeca andará tirada por algún lugar sin interesar demasiado a su dueña. ¿Tuvieron oportunidad de observar la actitud de los varones hacia su madre cuan parecida es a la que su padre tiene con ella? Si el padre es cariñoso con su mujer, el hijo procurará serlo con su madre, si su padre es ofensivo con ella, el hijo será también irrespetuoso.

Para poder revertir estos errores en la educación será indispensable considerar al niño como un semejante (y no como un ser inferior), dotado de inteligencia, enorme capacidad de observación y ávido de experiencias.

Los hijos quieren confiar en sus padres, no piden padres perfectos, piden padres auténticos y generosos, capaces de reconocer que no siempre son ejemplares.

Confianza y Seguridad

A lo largo de este libro han aparecido las nociones de confianza y seguridad: palabras claves en la infancia.

Tal vez he dado por sentado el significado que estos vocablos tienen al referirnos a los niños.

La confianza y la seguridad se adquieren, no vienen dadas. Son fruto de un proceso.

Están en la base de la autoestima y de la capacidad para resolver situaciones problemáticas.

No dependen de las circunstancias de la vida sino de la manera en que el niño haya sido ayudado, o no, a atravesarlas.

¿Cómo se arraiga dentro de un niño ese sentimiento?

Se crea día a día, gracias a cada gesto o palabra reconfortante que recibe por parte de su madre (y/o sustituto).

Un bebé llora: ¿Tiene hambre...tiene sueño...le duele el estómago... quiere que lo cambien... pide que lo levanten... extraña algo o a alguien...?

La madre interpreta las señales de acuerdo a la experiencia que van transitando juntos.

Todas las veces que la mamá consigue aliviarlo, poniendo en juego su creatividad, su intuición o el recuerdo de esas veces en que ella supo calmarlo, crece en el niño el sentimiento de que hay un adulto "suficientemente bueno", capaz de venir en su ayuda cuando él necesita. Ese adulto no tiene porqué ser la madre. Pero si es ella la que tiene esa capacidad, mucho mejor.

A medida que el niño madura aprende a comunicar sus molestias, necesidades y deseos con mayor claridad.

Para que esto suceda es necesario que haya habido palabras para nombrar sus emociones: *"qué enojado estás... se nota que tienes sueño... te molesta la panza... pareces asustado... cómo te gusta que te acaricien la cabeza... qué mal te pones con los ruidos y los gritos, etc..."*

Saber que lo que a uno le pasa tiene nombre, es algo conocido y le puede pasar a todos, alivia.

En cambio, cuando algo dentro de uno parece querer estallar en cualquier momento, invade todos los sentidos: se retuercen los intestinos y no se sabe si las ganas son de llorar, de vomitar, de gritar, de pegar, de escapar, de desaparecer o de volver a casa, está uno perdido de sí mismo.

Las emociones no se controlan "por decreto" o por un simple acto de voluntad: *"No debo enojarme... no tienes que llorar..."*

Ese impulso sin rumbo , tanto en un niño como en un adulto, está expresando una ausencia: la falta -porque no hubo o no se encuentra- de la voz o el abrazo que calman.

No me mientas

Los padres se preocupan cuando creen o confirman que sus hijos mienten. Pero muy pocos padres se molestan por no mentirles a sus hijos.

Podemos intentar comprender los motivos que llevan a un niño a ocultar, omitir o deformar una verdad. Pero no debemos dejar de lado que la mentira no es patrimonio de la niñez.

La dificultad para enfrentar la verdad es inherente a la naturaleza humana. Todo ser humano pone en marcha distintos mecanismos de defensa- no siempre conscientes -con el fin de disfrazar la realidad.

Los niños mienten por los mismos motivos por los que lo hacen los adultos:

1. Porque no se sienten capaces de asumir las consecuencias y temen las reacciones de enojo, dolor o abandono; o sea que está en juego para ellos el miedo a perder el amor de esa persona a la cual eligen mentirle.

2. Porque suponen que no van a ser comprendidos y desconfían respecto de cómo va a ser recibido el mensaje.

121

3. Porque intuyen que aquella persona -niño o adulto- a la cual se dirigen no está preparada para escuchar la verdad.

Con relación a los niños, sin embargo, es importante comprender que:

⊙   Existe la intención deliberada de ocultar una verdad, no para fastidiar, sino por temor. Por ejemplo, en vez de decir que perdieron nuevamente el lápiz, dicen *"me lo robaron"*.
En estos casos de nada sirve acusar al niño aludiendo a una falta moral cometida. Con reproches sólo se conseguirá acrecentar su sentimiento de culpabilidad y eso no lo ayuda a sentirse más fuerte y más capaz para enfrentar su realidad.

⊙   Para el niño es un problema, ya que si bien esquiva un rato las temidas reacciones de los demás, no tolera demasiado bien soportar a solas y sin poder compartir, un tema que lo inquieta. Cualquier niño prefiere decir *"me fue mal en la prueba"* y no tener que decir *"no aplicaron prueba"*.

⊙   Un niño no disfruta realmente de engañar a sus padres. Salvo, quizás, en la adolescencia, cuando la necesidad de hacer su vida fuera del control de los padres, los obliga a resguardar su mundo privado.

⊙   Hay que diferenciar la mentira de la fabulación propia de la infancia. Los niños pequeños inventan historias espectaculares para impactar y seducir a los más grandes y así compensar su sentimiento de inferioridad respecto de aquellos: *"A mí me compran todo lo que quiero... Un día estuve en otro planeta y vi extraterrestres... Mi papá me va a llevar de viaje... En mi casa tengo muchos perros y además una alberca..."*

Para terminar, deseo dejar planteada una pregunta:

¿Por qué nos enojamos o nos indignamos cuando un niño miente y no nos despierta la misma preocupación mentirles a ellos?, ¿Se debe a que creemos que los pequeños no entienden?

Lo mismo piensan ellos de los adultos.

No quiero ir a la escuela

En más de una oportunidad los niños se quejan de la escuela porque escucharon a otros niños más grandes protestar en voz alta. Es importante poder diferenciar una queja -para la cual no tienen demasiadas explicaciones- de un problema real.

El problema suele aparecer con más frecuencia en dos momentos claves:

1. La entrada al jardín de infantes

Con la entrada al jardín de infantes se inicia la vida socializada, y esto es una adquisición importante, pero tiene un precio: el niño pierde algo de la intimidad de las relaciones familiares.

Es normal que durante la etapa de adaptación, un niño tenga momentos de entusiasmo alternados con momentos de desilusión (que ocurren cuando el niño percibe claramente que para estar en un lugar es preciso dejar de estar en otro).

Una adaptación que transcurre sin idas y vueltas es más cómoda para los padres y las maestras, pero puede indicar una dificultad, por parte del niño, para registrar el cambio.

Si este período se prolonga demasiado en el tiempo, la experiencia está despertando una angustia excesiva. Los motivos posibles hay que buscarlos en:

- La falta de preparación del niño para el cambio

- Un apego muy intenso entre la madre y su hijo

- Una dificultad por parte de la maestra y de la institución para hacer frente a este problema

2. **La entrada a la primaria**

La entrada a la primaria y la caída de los dientes de leche marcan el fin de una etapa en la cual casi todo dependía de mamá y papá. A partir de este momento se requiere del niño mayor responsabilidad y autonomía.

El aprendizaje- largamente anhelado- de la lectura y de la escritura acerca al niño a un nivel de comunicación hasta ahora reservado a los adultos.

Este logro los llena de orgullo, pero la añoranza de un tiempo en que jugar era lo más importante, se hace sentir igual.

El recreo es esperado con impaciencia ya que es el momento de reencontrase con su cuerpo en movimiento. La inmovilización a la que se ven sometidos produce en ciertos niños una tensión tal, que les impide a menudo concentrarse y prestar atención.

Los niños, aún a los 6 y 7 años, necesitan moverse y buscan el contacto corporal. Al contrario de lo que se cree, cuando más les interesa y les conmueve lo que están viendo o escuchando, mayor es su necesidad de movimiento. Se comprometen en cuerpo y alma.

¿Por qué habría de ser más conveniente que los niños permanecieran frente a la maestra y al pizarrón en el mismo estado de quietud que cuando miran la televisión?

Es probable que los maestros teman el caos y el desenfreno en las aulas. Sin embargo, muchos de ellos habrán observado que determinadas actividades o investigaciones que involucran también el cuerpo del niño y no sólo su intelecto, resultan ser experiencias muy gratas y beneficiosas.

Si esas experiencias no son siempre realizables, se debería al menos dar al niño la oportunidad de expresar su malestar. Existen algunas escuelas en Francia, en las cuales los niños pueden escribir en un libro especial, lo que les disgustó de la jornada. En algunos colegios los alumnos evalúan a sus profesores.

Lo que hace falta, de vez en cuando, es un poco de creatividad.

LA VERDAD

*"Ama la verdad,
pero perdona el error"*

Voltaire

A los niños hay que decirles la verdad.

¿Qué se les dice de la adopción, de la separación, del nacimiento, de la muerte, de la enfermedad o de cualquier otra situación pasada, presente o futura?...

Pues sencillamente la verdad:

1. Porque los niños, como ya sabemos intuyen, presienten, escuchan comentarios, perciben que cuando ellos llegan cambiamos de tema, nos ven hacer gestos y muecas o sencillamente se dan cuenta qué está faltando una información: algo sucedió, ellos lo saben y nadie les dice de qué se trata o bien se les da una explicación que para ellos no es convincente

2. Porque los niños se sienten muy desvalorizados cuando no se confía en ellos. Surge la idea de haber sido engañado.

3. Porque crecen pensando que la mentira y el ocultamiento son recursos válidos y no entienden por qué después se les enseña que no hay que mentir.

4. Porque si no les decimos la verdad los estamos privando de parte de su historia, por lo tanto de su identidad.

5. Porque cuando perciben una situación y ésta no les es explicada, construyen alrededor del hecho fantasías, lo que ellos se imaginan y sus fantasías son a menudo mucho más terroríficas que la realidad.[4]

Muchos de ustedes se estarán preguntando cómo se hace para decir la verdad cuando uno no se anima, porque la considera dolorosa, porque no quiere ver sufrir a un hijo, porque le parece que va a entender, o como la madre de la que hablaba antes: cuando teme su reacción.

Lo que nos ayuda en esos momentos es confiar en que sabremos contener las distintas reacciones de nuestro hijo. Hablaremos con él en el momento en que reunamos las fuerzas para poder hacerlo, en que estemos dispuestos a contestar sus preguntas, entre las cuales seguramente se va plantear la siguiente: *"¿Por qué no me lo dijiste antes?"*... Y nosotros responderemos: *"Porque no tenía el coraje suficiente".*

Los hijos perdonan nuestra debilidad y agradecen nuestra sinceridad: significa que pueden confiar en nosotros.

El engaño, en cambio, daña la relación sembrando desconfianza.

---

[4] Recuerdo una niña de 11 años que había visto a su madre abrir un sobre y leer lo que había dentro, cuando preguntó *"¿mami, qué dice ahí?"*, la mamá respondió *"no te lo puedo contar"*. La niña llamó a su padre llorando desconsoladamente, le dijo que su mamá estaba enferma y que tenía miedo de que se muriera. Al comunicarse con su mujer se enteró de que se trataba de un nuevo embarazo. Cuando la madre abrió el sobre no pudo explicarle a su hija la verdad pues temía su reacción.

¿Qué es morirse?, preguntan los niños

Recuerdo de mi época de maestra, el día en que unos niños de 3 a 4 años, salieron al patio en el momento en que pasaba un avión. La razón que me dieron fue: *"queremos ver si el avión choca con él papá de Ale"*.

Ante la muerte del padre de este compañero, muchos niños habían escuchado *"se fue al cielo"*. Para ellos se trataba de ese espacio celeste, concreto, donde están las nubes y pasan los aviones.

Otra niña, de unos cinco años se enojó con sus padres porque no salían a buscar al abuelo. *"Perdimos al abuelo"*, le habían dicho.

Federico, de 7 años, padecía terribles pesadillas y pánico a los fantasmas, a partir de la muerte de su abuela: *"no me quiero dormir porque vienen los esqueletos"*, confesó. En las entrevistas que tuvimos, fuimos entendiendo lo que representaban para él los esqueletos. El niño tenía la noción de la desintegración del cuerpo luego de la muerte, pero no sabía que los muertos tienen su lugar en el cementerio. Además para él, morirse era dormirse, pero por más tiempo. Cuando recibió la información respecto de la diferencia entre dormir y morir y supo de la existencia de los cementerios terminaron sus pesadillas y su miedo a dormir.

Pidió llevarle flores a la abuela.

Con estos ejemplos quiero darles una idea del efecto que tienen en los niños las palabras dichas y las no dichas en relación a la muerte.

¿Qué tienen que saber los niños respecto de la muerte?

Más allá de las creencias religiosas que cada familia desee transmitir, hay verdades- compartidas por todos- que no pueden dejar de decirse y que corresponden a preguntas que casi siempre hacen los mismos niños:

¿Qué es morir? Morir es terminar de vivir. Las explicaciones como *"se fue"*, *"está en el cielo"*, *"lo perdimos"* o *"desapareció"*, no son tranquilizantes si no se les explica claramente que de lo que se trata del final de una vida.

¿Tú te vas a morir? ¿Y yo? ¿Cuándo? No debemos engañarlos diciendo *"cuando seamos viejitos"*. Sabemos que lamentablemente no es siempre así: mueren bebes, niños, jóvenes, adultos y viejos. Morimos cuando se nos acaba la vida. Todo lo que nace, muere.

Un niño manifestó la siguiente inquietud: *"¿tú crees que terminaré de vivir antes de comer mis papas fritas?"*. Esta inquietud nos lleva a otro aspecto que debemos considerar:

1. Antes de los 6 años (aproximadamente) los niños no se angustian con el tema de la muerte, hablan con naturalidad, y después de obtener la respuesta que buscaban, continúan con almuerzo, juego o su película.

Nos angustiamos los adultos.

2. Como notamos en los ejemplos citados, los niños necesitan saber que el cuerpo sin vida queda en el **cementerio**, donde están las tumbas y en un lugar está escrito el nombre, apellido, fecha de nacimiento y de fallecimiento. Allí se puede ir a recordarlos y a orar.

3. Una inquietud recurrente en los niños -en realidad en todo ser humano- es: **¿Qué queda de los muertos?** Algunos hablarán del alma (cuidemos las expresiones a fin de que el niño no la busque en un lugar físico y concreto, temiendo su aparición). Otra manera de responder podría ser: *"quedan las fotos, los recuerdos, todo lo que nosotros y aquellos que lo conocieron contamos acerca de él, quedan las imágenes que tenemos de los momentos compartidos junto a él y queda la huella que dejó en nuestras vidas".*
Antes de terminar, es importante señalar que cuando los niños no hacen preguntas ante la muerte de un ser querido, no significa que no las tengan. Ellos perciben que formularlas abiertamente provocaría angustia e incomodidad en los adultos. Si de esto no se habla, aparecen síntomas (físicos y psíquicos) de distinta gravedad.

La verdad puede ser triste, pero ignorarla, enferma.

Papá y mamá ya no se aman

"**N**unca es triste la verdad, lo que no tiene es remedio", dice Joan Manuel Serrat, cantante y poeta catalán que tantas veces me maravilló con sus letras. Pero no esta vez con esa afirmación. La experiencia demuestra que la verdad puede ser triste, pero nada permite asegurar que no tenga remedio.

La verdad en sí es una solución: a la ignorancia, a la confusión, a la sospecha inquietante, a las ilusiones estériles.

A un hijo le duele que los padres no se amen, porque eso trae consecuencias sobre su vida cotidiana, su rutina, su imagen de familia. Pero teniendo en cuenta ciertos factores es posible- y necesario- evitar que sea traumático, es decir que interrumpa su desarrollo físico, afectivo e intelectual.

El hecho de que hoy en día sea tan común encontrarse con niños cuyos padres se han separado, no debiera hacernos perder la verdadera dimensión del problema. La separación de los padres se recuerda toda la vida. He escuchado a muchos pacientes adultos hablar del día en que papá se fue de casa, como cambiaron las cosas y cómo se perdió el clima de hogar: mamá deprimida no cocinaba, el ruido de las llaves de papá volviendo del trabajo no se escucharon más, había días con uno y días con otro, la casa era la de siempre pero ya no era la misma.

Es bueno recordar en estas ocasiones que fracasar como pareja no implica fracasar como padres.

Cuando un hombre y una mujer han tomado la decisión de separarse, deben comunicarlo a los hijos, sin dar lugar a que ellos sientan que pueden intervenir en la decisión *"como tal vez ustedes ya han notado, mamá y papá ya no quieren vivir juntos. Ustedes seguirán teniendo a papá y mamá, no pierden a sus padres, no cambian de apellido-* es una fantasía frecuente en los niños- *nosotros no nos separamos de ustedes. Como padres, pensaremos la mejor manera de organizarnos para se sientan cuidados y protegidos".*

Frente a una separación es preciso cuidar especialmente:

1. Que los niños se sientan responsables y lleguen a pensar por ejemplo: *"hemos sido malos"*, *"hemos hecho tanto lío que por nuestra culpa..."* (muchísimos niños lo sienten, pero no lo dicen).

2. Que por tal motivo intenten hacer algo por evitarlo, asumiendo una responsabilidad que no les corresponde y que los haría sentir impotentes. Hay niños que enferman para mantener unidos a sus padres, aunque sea en un hospital.

3. Que se cuestionen el sentido de su vida. He escuchado a muchos niños, en estas situaciones, decir *"¿Entonces para que me tuvieron?"*

4. Que se sientan convocados a defender a alguno de sus padres, los hijos deben quedar fuera del conflicto. Es deber de los padres impedirles ser cómplices o jueces *"nuestros problemas los arregla-*

remos entre nosotros o con otros adultos si fuera necesario, ustedes no tienen nada que ver en esta decisión". Si un niño dice: "*mamá está loca*" o "*papá es malo*", los padres pueden responder: "*no sé porqué lo dices, no sé si realmente lo piensas o sólo repites frases que has escuchado*".

5. Que sufran por tener que repartir su amor, temiendo ofender y despertar celos en alguno de sus padres. Es frecuente que los hijos de padres separados no puedan hablar libremente de lo bien que lo pasan cuando están con el otro. Ellos intuyen qué versión pueden comunicar y cuál les conviene callar.

6. Que se sientan inclinados a proteger a alguno de sus padres, o a ambos, si los ven muy solos, y notan que los necesitan para llenar un vacío. Frente a esta actitud es recomendable decirles "*cuánto más contento estés tú, más contento/a estaré yo, ve tranquilo a hacer tu vida, yo me ocuparé de la mía*".

Una buena manera de reconfortar a un hijo que atraviesa por esa experiencia es recordarle que él es la prueba de un amor que dio frutos.

Papá, no está, pero existe

Tal vez viaja a menudo o trabaja muchas horas o vive en otra casa o en otro país; o partió sin dar señales de vida. Quizás es un hombre poco valorado por la madre del niño o por la sociedad.

En algunos casos el padre es desconocido, en otros fue un amor pasajero de la madre. Están también esos niños que ya no tienen vivo a su papá.

Un padre puede estar ausente de varias maneras. Pero ausencia no es lo mismo que inexistencia.

Un hijo es siempre el producto de un hombre y una mujer, aunque alguno de ellos esté ausente, desaparecido o muerto. Incluso los hijos criados por parejas homosexuales, adoptados o nacidos por inseminación artificial existen porque hubo participación de un elemento masculino (aunque sólo sea a través de su semen) y un elemento femenino.[5]

La fantasía de una mujer auto- gestante, en primer lugar corresponde a una no aceptación del aporte

---

[5] También en el supuesto caso de clonación a partir de la mujer, está que se pretende clonar fue gestada con la participación de los elementos masculino y femenino.

del hombre y en segundo lugar- y como consecuencia de lo anterior -, se genera una distorsión de la realidad perniciosa para la estructura mental del niño (o sea de un hombre o una mujer en potencia).

Una mujer puede desear omitir de la presencia de un hombre en su vida y mientras no haya un hijo en juego es libre de sostener las teorías que mejor le convengan a sus proyectos.

Cuando esa mujer es madre y asume la responsabilidad de criar a su hijo, ya no tiene la misma libertad para sostener cualquier ideología.

No es el plano moral el que quiero introducir aquí, sino el plano de la salud mental.

A ningún hijo se le puede decir "*tú no tienes padre*" porque eso distorsiona la naturaleza de las cosas.

¿Qué se le puede decir a un niño cuyo padre está ausente?

1. En familias en las cuales el padre se ausenta con frecuencia, pero convive con la familia: "*tú papá no está en casa pero está presente en mi mente y en mi corazón, por lo tanto yo te hablo teniendo en cuenta lo que piensa él. Cuando regrese verás que no son caprichos míos*".

2. Luego de un divorcio: "*aunque tu papá no sea más mi marido, sus palabras en cuanto a tu educación siguen teniendo peso para mí*" o bien "*tu papá y yo pensamos este tema de muy distinta manera, yo te doy mi opinión y escucharás también la de él*". Si las versiones de ambos padres son irreconciliables, se recurrirá a un tercero neutral. Causa daño psíquico a un niño decirle "*tu papá no cuenta, tú sólo me tienes a mí*", eso en todo caso lo decidirá otro adulto responsable (un juez, por ejemplo).

3. Sí el padre ha muerto: *"sus palabras e ideas siguen vivas para nosotros, yo recuerdo las cosas que para él eran importantes como padre".*

4. Cuando el padre es desconocido: *"si no tuvieras padre no habrías podido nacer, pero él sólo participó en tu gestación"* o según el caso *"yo sabía que tu padre no iba a vivir con nosotros, pero yo elegí tenerte y criarte a pesar de eso"* o bien, en el caso de gestación por violación *"tú padre usó mi vientre, tú deseabas nacer y yo quise criarte".*

Entiendo que es difícil generalizar y que cada situación (no he pretendido abarcarlas todas) merece una especial consideración.

Lo que sí debe ser tomado como regla es que un niño no debe sentir jamás que es propiedad de su madre (o de su padre, cuando es la madre la que desaparece de su vida.

Nadie puede decirle *"soy tu dueño, hago lo que quiero contigo".*

Una madre, por más desprecio y resentimiento que tenga hacia el padre de su hijo, no tiene derecho a excluir la existencia del hombre. Puede que sea borracho, criminal, canalla o como se lo quiera juzgar, pero es el padre que tiene o que tuvo y forma parte de la historia de ese niño.

Ser madre, es aceptar que el niño es también hijo de un padre.

La sexualidad infantil

Sería muy pretencioso abordar la complejidad del tema en esta breves líneas. Intentaré por lo tanto transmitir algunas de las ideas principales, aquellas que pueden ayudar a comprender los motivos de consulta más frecuentes.

La diferencia de los sexos:

A partir de los 2 años y medio aproximadamente, el interés de los niños- como ustedes habrán observado- se encuentra concentrado todo lo relativo a la "*boca*" (comer, morder, chupar, etc.) y del "*baño*"(mojar, retener, ensuciarse, limpiarse)

El aparato digestivo y los órganos de excreción ya han alcanzado la madurez necesaria para darle al niño una autonomía corporal, (come solo y cada vez con menos frecuencia, no usa pañales), que él insiste en hacer valer.

Su imagen corporal se está consolidando gracias a las destrezas físicas que el desarrollo motor impulsa.

La valoración de su cuerpo recae también sobre los genitales: los niños a esta edad gustan de pasearse desnudos riendo con picardía y espían sin disimulo a hombres y mujeres, empezando por papá y mamá.

Durante esta etapa las preguntas son constantes *"¿Por qué... ¿qué es?... ¿Y por qué?..."*. Lo que realmente desean preguntar- a veces lo hacen directamente, otras veces indirectamente- es: *"¿Por qué las niñas son distintas de los varones?... ¿Por qué los varones hacen pipí parados?... ¿Qué tienen las niñas?"*

El descubrimiento- que los niños siempre saben cómo hacerlo- de la diferencia, resulta para ellos inadmisible, con lo cual reanudan sus investigaciones una y otra vez. Las niñas a veces decepcionadas, preguntan: *"¿Me crecerá cuando sea grande?"* y los varones atemorizados *"¿A mí también me puede desaparecer?"*.

En primer lugar, la preocupación se refiere a las diferencias anatómicas, pero no tarda en llegar la interrogación acerca de las diferentes funciones.

La función masculina y la función femenina

No sólo a raíz de un nuevo embarazo de la madre- pero indefectiblemente bajo esta circunstancia- los niños quieren saber cómo se hacen los bebés: *"La mamá tiene esa panza porque comió mucho... se tragó una pelota... el bebé sale por la cola"*, son teorías infantiles normales que se apoyan en las zonas corporales- boca, ano- y las funciones- incorporación, expulsión- corporales ya conocidas.

La adquisición de las nociones de vagina- recepción- y pene- penetración- abre el camino hacia el conocimiento de la realidad de la concepción.

Ustedes observarán la predilección de los niños de esta edad por los juegos de encastre, los rompecabezas y todo lo que sea introducir objetos en ranuras, agujeros y aberturas. Actividades, estas, que demuestran que la comprensión de las diferencias está en marcha.

Cuando este conocimiento no ha sido introducido adecuadamente, las consecuencias pueden comprometer distintas áreas: el cuerpo, el carácter, el aprendizaje y más tarde las relaciones amorosas.

Las respuestas que no pueden faltar

⊙ A las niñas: *"Como ya habrás notado, tú no tienes pene como los varones. Tienes un orificio que se llama vagina y tienes tetillas que te crecerán cuando seas grande. Ya que eres mujer podrás tener bebés en tu interior".*

⊙ A los niños: *"Las niñas son distintas, como ya has observado, ellas tiene un agujero que se llama vagina, pero no es una falla ni un defecto".*

⊙ A ambos: *"Para hacer bebés hace falta un hombre que ponga su semilla en el cuerpo de una mujer"... "Los bebés salen por la vagina, el cuerpo de la mujer está preparado para esas transformaciones"... "Nadie puede tener hijos con su mamá, su papá o familiares, puedes elegir a todas las demás mujeres o a los demás hombres".*

Dejaremos para el siguiente capítulo las "visitas nocturnas" al cuarto de los padres.

Los visitantes nocturnos

No existe un hijo que al menos una vez a largo de su infancia, no se haya dirigido hacia la cama de sus padres, bajo cualquier pretexto:

- ◉ ¿Porqué ustedes que son grandes duermen juntos y yo que soy pequeño no puedo dormir con ustedes?

- ◉ Tengo miedo que venga el lobo feroz

- ◉ Hay monstruos en la habitación

- ◉ Me duele el estómago

- ◉ Sueño cosas feas

- ◉ Puede venir un ladrón

- ◉ Van a entrar víboras

Si los niños no hablan aún, aprendieron que alguna vez cuando lloraron o se quejaron fueron llevados a la cama, entre papá y mamá.

Tanto los hijos como los padres han verificado que esa solución, cómoda a corto plazo no ha producido alivio ni en los miedos ni en los dolores, puesto que noche tras noche se repite la misma escena. Incluso estos niños, no se muestran durante el día ni más seguros ni menos temerosos, ni disminuye su ansiedad.

Si bien hay padres que disfrutan esta situación sin conflictos ni molestia alguna, al cabo de cierto tiempo, es normal que les incomode.

Es frecuente escuchar a los mayores decir que los niños no quieren o no pueden dormir solos en su cuarto.

En otros artículos publicados en esta página, he tenido la oportunidad de comentar, las contradicciones que a menudo tienen los padres en el momento de desprenderse de los hijos.

El origen de los "líos de alcoba", en los cuales quedan atrapados niños y adultos debe buscarse no sólo en esas contradicciones sino también y sobretodo en la vida amorosa y sexual.

Por parte de los padres, suele observarse:

⊙ Un debilitamiento del deseo sexual entre ellos dejando un vacío en el cual vienen a insertarse los hijos.

⊙ Una dificultad para excluir al hijo de la vida íntima de la pareja para no soportar, quizás, los celos (normales) que esta exclusión (necesaria) despierta en el niño.

⊙ La necesidad de considerar al hijo como carente de fantasías o impulsos sexuales.

Por parte del hijo:

⊙ Una dificultad en reconocer el deseo de sus padres de estar juntos, dejando de ser, por un tiempo, el centro de interés de cada uno de ellos.

⊙ La percepción de que alguno de los padres necesita su presencia para evitar el contacto con su pareja.

⊙ La tendencia a prolongar un estado de indefinición sexual, en el cual no es reconocido como varón o mujer. Su presencia en la cama de los padres, a menudo, hace las veces de "osito de peluche" que acompaña y da calor.

El deseo de incluir al niño en la habitación de los padres, si se satisface, es un deseo compartido con los padres.

Esta es la razón por la cual no alcanza con tratar de entender lo que le pasa al niño. Es importante también saber por qué lo complacen los padres.

¿Qué tiene el abuelo?

- **L**ucía (4años): ¿porqué el abuelo tiene eso?

- Margarita (7años): eso se llama "suero" y se lo ponen porque él ya no puede comer ni tomar los remedios y está muy enfermo.

- Lucía: pero antes también estaba enfermo y no tenía eso.

- Margarita: es que ahora está grave y no se va a curar, Lucy.

- Lucía: ¿porqué no se va a curar, Marga?

- Margarita: mamá ¿le puedes explicar a Lucy por qué el abuelo no se va a curar?

- Mamá de Margarita: el abuelo se está muriendo, está terminando de vivir. Todo lo que nace, muere.

- Lucía: Ah!... (Al rato)... yo nací pero me falta mucho para terminar de vivir ¿no? Y a tí y a mamá y a papá y a Marga también les falta mucho... y aFrancisco que recién nació le falta más que a todos... A partir de este diálogo, Lucía y Margarita se retiraron de la habitación del abuelo, abrazadas y llorando. En otra habitación, pasados algunos minutos, elegían divertidas los disfraces, maquillajes y escenas, dispuestas a continuar su juego.

Si les cuento estas anécdotas es para transmitir una vez más, la importancia de no excluir a los niños de los acontecimientos y las experiencias que forman su propia vida, como por ejemplo la muerte de un abuelo.

Estas niñas entraban y salían de una habitación o de otra con absoluta naturalidad, sin miedo ni fantasías paralizantes pero sin hacer de cuenta que no pasaba nada.

En el momento del entierro surgieron nuevas preguntas:

- Lucía: ¿le van a dejar la cabeza afuera para que respire?

- Margarita: no Lucy, los muertos no respiran ni ven ni hablan ni se mueven...

- *Lucía: ¿se quedan así, como estatuas?...*

Ustedes podrán observar las distintas maneras de concebir la muerte que se tienen a los 4 años o a los 7 años. Sólo a partir de los 6 años aproximadamente, un niño puede hacerse a la idea de algo que se perdió para siempre. Antes de eso, aún es posible, en la lógica de un niño, estar "más o menos" muerto. He aquí la razón por la cual hay momentos en que temen la aparición del muerto que para ellos, puede estar en el cielo, bajo tierra y detrás de un árbol al mismo tiempo.

En cambio, con sus 7 años y ante el llanto de los adultos en el momento preciso de la muerte, Margarita, visiblemente angustiada, empezó a correr gritando: *"me quiero ir a mi casa, esto es demasiado triste, mamá por favor llévame"*. Esta reacción da cuenta también de otro aspecto que debemos atender en estas circunstancias: el sentimiento de abandono que puede experimentar un niño, cuando sus padres están inmersos en un duelo o en cualquier otra situación de la vida que los comprometa afectivamente.

Para un niño lo que puede llegar a ser traumático, no es la muerte, el divorcio, la mudanza, el embarazo de la madre, etc., sino sus efectos, a saber:

⊙ La depresión de alguno de los padres (o de ambos)

⊙ La ausencia de algún adulto capaz de atender sus necesidades afectivas y sus ansias de comunicación

⊙ El sentimiento de impotencia al sentir que debería ayudar a sus padres olvidando su "ser niño" (dependiente, demandante, curioso y ansioso por naturaleza).

No alcanza con que el niño esté presente en el lugar de los hechos. Además, quiere saber de qué se trata.

"La vida es bella"

Quizás recuerden ustedes el film de Roberto Begnini, laureado con varios premios hace dos años.

El director cuenta la historia de un padre y su hijo, de 4 o 5 años, en un campo de concentración.

El padre -quien es presentado desde el comienzo como alguien dotado de creatividad e ingenio- crea una fábula que comparte con su hijo, a modo de juego: *"hay que sumar puntos no comiendo, no llorando, sin quejarse y aguantando... el que suma más puntos se gana un tanque de guerra verdadero..."*

Este juego -engaño, según ciertos autores que criticaron severamente la película -sostenido a ultranza por el padre, mantiene al niño en un clima de irrealidad que le permite sobrevivir y atravesar una experiencia terrorífica.

Los nazis eran transformados por el padre en personajes ridículos y sus actos y discursos llevados al absurdo. Cuando el niño comentaba lo que había escuchado o visto respecto al exterminio y a los experimentos con seres humanos, el padre respondía: *"¡Cómo van a hacernos desaparecer!.... ¿Hacer botones con personas?... ¡Botones!..."*

¿Cómo entender la actitud de este padre, en aparente contradicción con aquello de que a los niños hay que decirles la verdad?

157

¿Habría que haberle dicho al niño que ese lugar era un campo de concentración y que su destino ineludible eran la tortura y la muerte?

En esa circunstancia, la verdad hubiera sido el exterminio de la esperanza y del deseo de vivir.

La situación a la que hace referencia la película es extrema y afortunadamente no es el tipo de realidad que enfrentan nuestros niños. Mi intención con este ejemplo es transmitir el valor y el peso que tienen:

◉   El esfuerzo de **un padre** que supo, pese al horror que él mismo vivía, mantener con humor y amor, la alegría de vivir de su hijo, aún arriesgando su propia vida.

◉   La fuerza y el valor de **los cuentos y las fábulas**, allí dónde las palabras y los argumentos racionales no alcanzan para explicar y comprender una verdad inexplicable e incomprensible.

León Felipe, poeta español, escribía:

" ...Y he visto:
que la cuna del hombre la mecen con cuentos...
Que los gritos de angustia del hombre los ahogan
con cuentos...
Que los huesos del hombre los entierran con cuen
tos...
Y que el miedo del hombre...
Ha inventado todos los cuentos
Yo sé muy pocas cosas, es verdad.
Pero me han dormido con todos los cuentos...
Y sé todos los cuentos".

Pero no quería más cuentos el poeta, quería un sueño porque *"los sueños vienen de más lejos".*

El adolescente que piensa en morirse, sobrevive si alimenta un sueño para su futuro.

El padre y el hijo sueñan que "la vida es bella" aún en un campo de concentración.

El niño quiere cuentos para dormir y sueños para despertarse y que su vida no parezca una pesadilla, aunque lo sea.

LA COMUNICACIÓN HUMANA

*"El amor no es sólo un sentimiento,
es un arte también"*

Honore De Balzac

El mundo "Psi"

El mundo "Psi" despierta aún hoy en día y en los ámbitos más variados innumerables interrogantes, algunas sospechas, muchas dudas y frecuentemente desconfianza o incredulidad. Sus límites aparecen por momentos algo difusos: hay quienes consideran los efectos como producto de la magia; otros no vacilan en buscar las supuestas certezas que enuncian las ciencias exactas.

Intentaré en esta oportunidad, de manera muy simple y concisa, disipar algunas de las dudas más frecuentes.

¿Cuál es la diferencia entre Psiquiatría, Psicoanálisis y Psicoterapia?

- **El campo de la Psiquiatría**: es el de las enfermedades mentales que teóricamente llamamos Psicosis (Esquizofrenia, Psicosis Maníaco- Depresiva, Paranoia). Estas patologías se diferencian de las Neurosis por la severa alienación existente en un ser, respecto de sí mismo y de la realidad que lo rodea: sus ideas, percepciones y actos impactan al observador por su aparente sin sentido y su lógica delirante.

El psiquiatra, según los síntomas que presente el paciente y el diagnóstico que realice determinará el tratamiento a seguir: administración de psico-fármacos, internación en una clínica psiquiátrica, acompañamiento domiciliario, laborterapia.

Ciertas perturbaciones mentales en niños y adolescentes desencadenan una catástrofe familiar tal, que la convivencia se hace insostenible y se decide buscar una familia sustituta- en general en medios rurales- que quiera hacerse cargo del niño o el joven y puedan darle la oportunidad de aprender con ellos un oficio.

Para la Psiquiatría lo esencial no es trabajar con la causa de la enfermedad, sino con sus consecuencias.

- **El campo del Psicoanálisis** es el de las Neurosis (Histeria, Fobia y Neurosis Obsesiva). Los síntomas neuróticos son la expresión de un conflicto inconsciente. Sigmund Freud (1956- 1939), fundador del psicoanálisis- como teoría y como práctica- demostró la importancia de los fenómenos inconscientes en las distintas manifestaciones de la vida del individuo y al mismo tiempo la resistencia y los mecanismos de defensa puestos en juego para mantenerlos alejados de la conciencia. El vínculo con el psicoanalista es fundamental ya que con él se recrean situaciones y relaciones traumáticas del pasado que permanecían inconscientes y que al ser revividas y recordadas, dejarán de repetirse a lo largo de la vida. El paciente habla- si es un niño también dibuja, modela y juega- y el psicoanalista escucha e interpreta.

El tratamiento psicoanalítico está indicado en aquellos casos en que el síntoma neurótico- y las consecuentes inhibiciones y regresiones en el desarrollo- causa sufrimiento, angustia y dolor. La persona experimenta un aplastante sentimiento de impotencia al repetir historias que quisiera cambiar y no puede.

- **La Psicoterapia** es una práctica terapéutica que consiste en la aplicación de un método basado en determinada teoría (psicoterapia psicoanalítica, gestáltica, sistémica, cognitiva, neurolingüística, etc.). Apunta a la remisión del síntoma, a un cambio de conducta o de un esquema de comportamiento. Se tratan en general, situaciones puntuales y actuales.

¿Cómo sabemos los padres si es preciso consultar con un profesional "Psi?"

⊙ Cuando un niño sufre y se detiene en un punto de su desarrollo y nosotros no lo entendemos ni podemos ayudarlo.

⊙ Cuando a pesar de la voluntad del niño y su familia, el problema persiste.

⊙ Cuando nuestra angustia empeora el sufrimiento del niño.

¿A qué profesional recurrir?

La mejor indicación la suele dar el pediatra que conoce la influencia de la vida emocional y del ambiente en la salud física del niño.

Cuando se descarta cualquier desorden orgánico, se podrá evaluar la interconsulta con un especialista "Psi". Dependiendo de la gravedad y la antigüedad del trastorno se recomienda la consulta con:

⊙ Un psiquiatra cuando la enfermedad mental ya está instalada y compromete áreas importantes de la vida de un niño que no mantiene contacto con otros humanos.

n psicoanalista cuando un niño sufre por su
1a (fobias, obsesiones, desbordes afectivos
que no guardan relación con la situación que los
suscita) y este síntoma inhibe su desarrollo.

◉   Un psicoterapeuta cuando el desarrollo normal de un niño se ve interrumpido por una situación actual (duelo, divorcio, enfermedad, etc.)

No están aquí todas las respuestas, pero tal vez se
abran nuevas preguntas.

Abre tu boca...
y come lo que te voy a dar

¡Qué mundo tan paradójico es este creado por nosotros, los humanos!

En mi opinión el peor desequilibrio "ecológico" que sufre el planeta radica en el altísimo porcentaje de niños (y adultos) que mueren de inanición, en una parte del globo; y en otra un porcentaje igualmente elevado de niños (y adultos) que padecen trastornos severos de la alimentación (**OBESIDAD, ANOREXIA, BULIMIA, ADICCIONES)** debidos a una excesiva preocupación por la ingesta.

Pienso en un mundo ideal, dónde las madres que sufren porque su hijo -**a quien no le falta nada**- no come, tengan la posibilidad de ofrecer su comida a esos niños desnutridos -**a quienes les falta todo**- y mueren de inanición. Con ese acto se cumplirían 3 operaciones humanizantes:

Los hijos bien provistos quedarían libres para alimentarse según su propio metabolismo.

Las madres de estos niños podrían satisfacer su necesidad de dar alimentos.

Los niños carentes recibirían comida para saciar su hambre.

No me puedo ocupar aquí de esos niños que no tienen lo mínimo indispensable para sobrevivir. Me ocuparé de esos otros, perseguidos por sus madres para que coman lo que ellas quieren que coman:

- Para que crezcan

- Para que no enfermen

Intentaré demostrar lo inconducente de estas **creencias,** que a menudo llegan a convertirse en verdaderas **obsesiones**, generando un clima de tensión insoportable en torno a una situación que podría ser un momento de intercambio creativo y afectivo.

UNA CRIATURA DE LA ESPECIE HUMANA- A DIFERENCIA DE OTROS MAMÍFEROS- PARA CRECER, NO ENFERMARSE Y MANTENER VIVO SU ORGANISMO, NO NECESITA SÓLO DE COMIDA. EL SER HUMANO TIENE HAMBRE Y SED DE:

- Comunicación con otros humanos

- Intercambio afectivo y verbal

- Reconocimiento de su existencia

- Conocimientos

- Sueños e ideales

- Independencia y libertad

"Amo a mi hijo" no significa nada, si no se tienen en cuenta todas estas apetencias de su condición humana, las cuales deberían estar incluidas en el amoroso gesto de dar de comer:

- El bebé que mama, no toma sólo la leche de su mamá. Toma su olor, su voz, su abrazo, sus caricias, su manera de mecerlo, de mirarlo. La lactancia materna llevada a cabo por una mujer que no está en comunicación con su hijo, puede ser saludable para el organismo, pero es estéril para su desarrollo psíquico y afectivo. En el mejor de los casos, los niños rechazan el pecho, tienen vómitos o falta de apetito, como si quisieran decir *"no soy un animalito, mamá, háblame, mírame"*

⊙ Una criatura humana, no tiene la necesidad de un tipo de alimento determinado por su especie. De hecho cada cultura tiene sus rituales, sus costumbres y sus gustos; además pueden variar a lo largo de una vida. Un animal busca el alimento indispensable para la supervivencia. No come por deseo, sino por instinto.

⊙ A un ser humano no sólo le importa lo que hay para comer, sino quién lo da, cómo lo da, dónde lo da. Un mismo menú parece exquisito en agradable compañía y en otra ocasión resulta indigesto. Todo lo que se dice de la comida, durante la comida.

"Abre tu boca y come lo que te voy a dar". Yo miraba y vi que una mano se tendía hacia mí y en esa mano había un libro enrollado... Yo abrí la boca y él me hizo comer ese rollo. Y me dijo: "Hijo de hombre, alimentarás tu vientre y llenarás tus entrañas de este rollo que te doy". Lo comí y en mi boca se volvió tan dulce como la miel..." (LA BIBLIA, El Libro De Ezequiel)

Las palabras (libros, fábulas, historias, cuentos, diálogos, relatos) también alimentan el vientre y llenan las entrañas.

El maltrato psíquico

Debemos reconocer que la Humanidad ha dado un paso importante a favor de la causa de los niños al difundir e intentar evitar el maltrato (físico) infantil.

La Medicina ha realizado progresos de indudable valor para reducir de manera significativa la mortalidad (física) infantil.

Pero todavía no ha llegado la hora de la revolución ideológica que debería llevarse a cabo para evitar la otra muerte que amenaza al ser humano: la muerte del sentido de la vida.

No hay una campaña en contra de la falta de comunicación, de ternura, de diálogo, de comprensión de los deseos humanos de libertad y seguridad afectiva que causa a diario personas infelices, angustias catastróficas, inhibiciones intelectuales, incapacidad para el intercambio social, perturbaciones psicomotoras, síntomas psicosomáticos severos, internaciones psiquiátricas y suicidios que se repiten de generación en generación.

El maltrato físico deja marcas visibles y sensibles en el cuerpo, lo cual permite a aquel que lo padece, reconocer en ese adulto a alguien que le inflige dolor. El agente, la causa y la consecuencia del dolor son observables.

171

A menudo los niños callan y ocultan su sufrimiento y sus heridas por temor a que se incremente el maltrato: viven aterrados. Otras veces, no denuncian a sus padres, porque los quieren, sienten vergüenza por ellos y no desean que la sociedad los juzgue y los castigue: en realidad, están cuidando a sus padres.

La conclusión es más que evidente: el maltrato físico no sólo produce daño físico sino también, invariablemente, daño psíquico.

Más que el látigo, los hematomas, las fracturas de huesos, las quemaduras y todo aquello que se manifiesta en su cuerpo, al niño le duele el corazón, no el que examinan los cardiólogos, sino el de los sentimientos que humanizan su existencia. Un niño maltratado:

- ⊙ No sabe si es alguien o algo: un objeto que se manipula, una bestia que se arrea o un desecho.

- ⊙ Carece del sentimiento de tener un valor humano: él no cuenta.

- ⊙ Pierde la confianza en los adultos a tal punto que muchos niños ya no son capaces de recibir ternura y provocan permanentemente situaciones para ser castigados físicamente. Esta es para ellos su manera de ser en el mundo: "*si no me golpean, no sé si existo*"...

- ⊙ No tiene deseo de vivir, aunque su cuerpo siga vivo. El porvenir no tiene sentido.

Reflexionemos ahora acerca de ese maltrato sin gritos, silencioso; sin golpes, invisible o disfrazado incluso de discursos- vacíos- acerca del "bien" y de caricias- falsamente- tiernas, ante lo cual un niño se siente profundamente confundido, incomprendido, inseguro, incómodo o sencillamente no se siente más: no sabe quién es, no sabe lo que quiere, sufre sin saber la razón y nadie se da cuenta de que sufre.

Puede que parezca perfectamente adaptado a la sociedad, su rendimiento en la escuela es excelente, se muestra extremadamente solidario y es respetuoso con los adultos: su angustia es muda...hasta que un buen día, ante un abandono o una situación que requiera su compromiso afectivo y sexual: estalla, se bloquea, se quiebra, huye, se pierde. No sabe cómo se hace para vivir por cuenta propia, no encuentra el sentido de su existencia. No tiene una vida. No sabe para dónde ir. Piensa en la muerte, o no piensa en nada, vegeta.

No miremos a esos niños maltratados físicamente como las únicas víctimas, producto de la ignorancia o de la falta de cultura de ciertas gentes. Hay millones de niños "de buena familia" que llevan a cuestas las huellas imborrables de un amor, un diálogo, un gesto de ternura verdadera que jamás existió.

Las instituciones que albergan niños autistas y adolescentes alienados constituyen una experiencia terriblemente penosa y angustiante. No hay sangre, no están lastimados físicamente- salvo aquellos que se hacen daño a sí mismos-, no les duele nada. Ni siquiera ya les duele la falta de contacto humano, conviven sin saber quienes son o qué son: ¿Mascotas? ¿Títeres? ¿Plantas? ¿Robots?. Están mutilados afectivamente.

El daño psíquico puede no dejar ninguna marca en el cuerpo, a tal punto no deja marcas, que ya ni se siente.

Esperemos que el momento de difundir las consecuencias del maltrato psíquico, no esté lejos.

Maltrato infantil

Las numerosas consultas -de colegas, abogados, periodistas, profesores y alumnos universitarios que me han hecho acerca del maltrato infantil merecen dedicarle un espacio a este tema, tan fundamental, no sólo con relación a la infancia sino a la Humanidad. La historia demuestra que los niños sólo tardíamente representan una inquietud para los hombres.

Afortunadamente, se crean cada día más Organismos Nacionales e Internacionales, gubernamentales y (sobretodo) no gubernamentales a favor de la infancia, denunciando y difundiendo a través de los distintos medios las crueldades infligidas a los niños: explotación de menores, abuso sexual, secuestro y robo de bebés, niños tomados como rehenes, niños apaleados, niños de la calle, niños entrenados para luchar en la guerra...

Sería imposible abarcar la trascendencia del problema en unas pocas líneas, considerando además sus múltiples dimensiones: legal, política, económica, social y psicológica. Esta última es la que intentaremos desarrollar a continuación.

Me parece importante destacar que no es posible llamar con el mismo nombre- maltrato infantil- ni incluir en una misma serie de fenómenos:

Las crueldades mencionadas anteriormente, que se realizan con total premeditación y alevosía. Todos los que están implicados en esas perversiones saben lo que hacen, por qué lo hacen y con quiénes, lo hacen. Sus actos son intencionales y tienen objetivos claros. En estos casos es posible responsabilizar y castigar legítimamente a los culpables.

Los malos tratos que sufre un niño por indiferencia, descuido, ignorancia o equivocación de sus padres o adultos en general. A menudo los niños padecen sufrimientos terribles, accidentes mortales, angustias catastróficas, enfermedades mentales o psicosomáticas por falta de comunicación y de intercambio humano. En estos casos: ¿Es posible responsabilizar y castigar legítimamente a los culpables? ...

Henos aquí frente a un tema más que problemático. Un ejemplo: dos niños pueden presentar quemaduras graves del mismo grado. A uno de ellos un adulto lo quemó intencionalmente, el otro se quemó por descuido de la persona que lo tenía a su cargo. El daño en el cuerpo es el mismo. Pero el sentido que tiene ese dolor para cada uno de ellos es distinto.

¿Cuál sufre más? ¿El que descubre que la persona en la cual él creía, lo lastimó y es culpable de su dolor? ¿El que recibe cuidados y disculpas por parte de la persona que debía cuidarlo y no prestó atención?

La respuesta no es sencilla. Uno de los niños podría afirmar "mi mamá es mala" y el otro, "mi mamá no estaba". Después habrá que ver como procesa cada niño esa realidad que le toca vivir. Nadie puede asegurar con certeza el efecto que ha de producirse en él.

Depende de la naturaleza, la vida interior y el deseo de vivir de cada niño. Si la esperanza y la confianza en el mundo no murieron, los niños aceptarán ser ayudados. Cuando surge y se instala el sentimiento de que la vida no vale la pena de ser vivida, se abre el camino hacia la autodestrucción.

Un niño frágil, es más dependiente, más vulnerable y requiere mayores cuidados. Un niño fuerte puede resistir mejor los embates de la vida y aprende rápidamente a arreglarse solo o a buscar ambientes más felices.

Hay niños que, a pesar de las tragedias vividas, siguen creyendo en las hadas madrinas. Otros niños jamás las oyeron nombrar.

El milagro de la comunicación humana

Desde su aparición en este mundo pesaron sobre Anita los peores diagnósticos y pronósticos.

El aspecto físico de la niña evolucionó según los parámetros esperables para su edad, pero su desarrollo motor, afectivo e intelectual era prácticamente nulo.

Su vida a los 3 años era casi vegetativa, no mostraba reacción alguna ante los estímulos. No manifestaba ningún signo de vitalidad: su mirada se perdía en el vacío, su cuerpo crecía apático y sin fuerzas.

Los padres, desalentados, abandonaron rápidamente los tratamientos prescritos que hubieran dado a la niña alguna chance para aprender a caminar.

Cuando ya fue imposible cargarla en brazos- debido al peso "muerto" de la niña- su madre optó por dejarla sola en casa, pensando que no habría peligro alguno, debido a la inmovilidad de la niña.

Con esta última decisión, quizás desesperada por parte de sus padres, Anita pasó a formar parte de los objetos del hogar. Un mueble más.

Hasta que llegó Melanie: su prima de 2 años. Melanie llegaba a esa casa, llena de risas, de historias contadas por abuelos, de juegos compartidos con otros niños en el campo.

Con la espontaneidad y la alegría de vivir de una niña que se sabe amada por su familia y que habla naturalmente con los demás como le hablan a ella, Melanie descubriendo a Anita sentada en silla de ruedas, se dirigió a ella y le dijo: *"¡Hola, Anita... hola niña!".*

Aquí se produce el milagro de la comunicación humana. Para sorpresa de la madre de Melanie, (tía de Anita), la niña miró a su prima y esbozó una sonrisa.

¿Qué ocurrió en esta escena conmovedora y reveladora?

Melanie se acercó a su prima sin prejuicios, viendo en ella a una niña viva, capaz de jugar.

Anita sintió ese llamado, y respondió.

Nadie hasta ese momento había visto en ella a una niña.

Al poco tiempo, Anita dijo *"mamá"* y comenzó a mover sus brazos y piernas. Su rostro se volvió expresivo.

Como a Pinocho, el muñeco de Gepeto, a Anita le faltaba el corazón. En esta historia no hubo hada madrina. Melanie no tiene poderes mágicos.

Salvo que se considere magia el efecto que produce la comunicación humana, sin la cual no es posible vivir, sólo sobrevivir.

NUESTRA SOCIEDAD

*"La ciencia hizo de nosotros dioses
antes incluso
de que mereciéramos ser hombres"*

Jean Rostand

blanca

Los nuevos integrantes de la familia: el televisor y el ordenador

En el siglo XXI la presencia en la casa de la "pantalla encendida" (del televisor o el ordenador) forma parte de la dinámica familiar: se entromete en todos los espacios, los ambientes se llenan de luces y sonidos que ya no nos asombran. A esta altura, no cuestionamos su existencia en el hogar. Nos interesa encontrar una manera de incluirla, aprovechando los beneficios y estando advertidos acerca de los riesgos.

Los beneficios:

◉   Gracias a la tecnología, los niños aprenden muy rápidamente mediante la manipulación y la experiencia concreta, las nociones de *derecha/izquierda, arriba/abajo, encender/apagar* y relacionan estos actos con palabras escritas (la mayoría de las veces en inglés, *on/off, play/ stop, enter, next*, etc) .

◉   A través de la televisión por cable y de Internet -y sus efectos en otros medios- se aproximan al conocimiento de otras culturas: sus hábitos, lenguas, prácticas y creencias. Reconocen diferencias.

◉   Los niños se sienten a gusto con la televisión o el ordenador porque las máquinas no emiten juicios de valor, a los que ellos son tan sensibles. Nadie les dice *"eres malo"* o *"eres inútil"*. Sólo aparece un mensaje de error, una información acerca de cómo rehacer la tarea correctamente o simplemente lo que encuentran no es lo que buscaban.

◉　Puede ser un factor que favorezca la socialización: los niños comparten- según su edad y sus intereses- un personaje, un programa o un juego electrónico.

Los riesgos:

◉　Un niño frente al televisor, contemplando una sucesión de imágenes, personajes y relatos que consume pasivamente, *"vive"* esa vida que no es la suya, se desentiende de su cuerpo, de su motricidad y de su propia capacidad de acción y reacción. Es como si allí dentro de la pantalla pasara todo, mientras afuera: no pasa nada.

◉　La relación con las máquinas- si bien puede favorecer el desarrollo de cierto tipo de inteligencia- deja de lado el intercambio entre compañeros y los consecuentes amores, odios, rivalidades, reconciliaciones, etc. propios del encuentro humano.

◉　El condicionamiento publicitario crea intereses y necesidades que no son siempre propias.

◉　Otra consecuencia de la permanencia prolongada en compañía de aparatos es el empobrecimiento del vocabulario para comunicarse con otros humanos mediante el lenguaje hablado.

Volviendo a nuestra inquietud inicial:

¿Qué podemos hacer los adultos para aprovechar esta fuerte atracción que tienen los niños por ese mundo que aparece con sólo apretar "On" ?

Podemos humanizarlo. Transformarlo en una experiencia compartida, de la cual se habla y a partir de la cual surgen temas de conversación, comentarios y preguntas. Por ejemplo:

⊙ "Mira tú, el pajarito es más pequeño que el gato y sin embargo consigue engañarlo"...

⊙ "Has visto, Minnie qué poca cosa se siente... ¿Qué podría haber hecho para no caer en manos de esos bribones?"...

⊙ "¿Porqué pelean?, ¿Quieren averiguar quién tiene más fuerza?, ¿Pelean por una injusticia?, ¿Se disputan un tesoro?...

⊙ "Esas cosas que tú ves pasan en el mundo en que vivimos: se descubren nuevas vacunas, juzgan a un criminal, los trabajadores quieren más dinero, se encuentra una ciudad antigua, un presidente no sabe gobernar, un artista expone su obra...

Como verán, si uno se toma el trabajo de acompañar, aunque sea de vez en cuando, a los niños, para saber en qué mundo viven y hacer de mediadores entre ese mundo y la realidad, la experiencia puede ser muy fructífera.

En cambio, dejar al niño solo, hipnotizado frente a la pantalla, puede ser un buen descanso para los padres y cuidadores. Para el niño, es un alejamiento de sí mismo, termina sin saber si él está dentro o fuera de la pantalla, además de aprender algo que quizá nosotros como padres no seamos capaces de enseñarle.

Estimulación e Hiperactividad

Estos dos fenómenos parecen ser representativos de nuestra cultura actual.

No deja de asombrarme la enorme cantidad de consultas de los padres referidas a la estimulación, por un lado y a la hiperactividad, por el otro.

En mi opinión, estos fenómenos están relacionados entre sí y me atrevería incluso a afirmar que la hiperactividad es consecuencia de la hiperestimulación.

Para ejemplificar estos fenómenos tomaré como ejemplo dos expresiones de nuestra cultura: los hipermercados y el *zapping*.

El hipermercado: en dónde es posible poner en su carrito de compras, un par de calcetines, una cámara de vídeo, un pollo al horno, un martillo, un libro de auto ayuda, una pulsera, un jarrón de porcelana, etc., todo junto. La oferta es tan dispar y tan constante, que uno termina llevando- las más de las veces- objetos o productos que no necesitaba y que luego no sabe dónde ubicarlos.

El zapping: práctica que se realiza frente al televisor, pasando con el mando a distancia de un canal a otro, sin detenerse ni comprometerse con algún programa en especial. Son tantas las posibilidades que la elección se hace difícil. Es como si detenerse en algún canal despertara la inquietud de estar perdiéndose algo interesante en otro.

Los ejemplos resultan quizás un tanto burdos, pero ayudan a percibir el clima que se vive actualmente en nuestras sociedades.

En las familias de hoy en día, el ambiente no es muy distinto: la información llega por todos los medios, a cualquier hora, acerca de innumerables temas.

No toda esa información es factible de ser procesada, aprovechada y utilizada creativamente.

En nuestro campo, el de la psicología infantil, es importante tener en cuenta que un exceso de estimulación y de propuestas, que no consideren el ritmo del niño, sus intereses, deseos y afinidades, deja de ser estimulación para convertirse en una exigencia imposible de cumplir, abrumadora y causante de ansiedad permanente.

Es entendible que los padres quieran enseñar a sus niños- dada su natural permeabilidad y entusiasmo hacia el aprendizaje- la mayor cantidad de cosas en el menor tiempo posible. Pero no deberíamos ignorar que esta ansiedad por estimular a los niños, desde antes del nacimiento inclusive, tampoco está fuera de las leyes del mercado. Los títulos capturan la atención de los padres: *"TODO LO QUE USTED NECESITA SABER ACERCA DE SU HIJO"* ...

Con la mejor intención de tener hijos exitosos e inteligentes, se intenta estimular todas sus capacidades, según prometen algunos libros o ciertas tendencias. Y el niño se encuentra, como en el hipermercado, tentado por todo lo que ve, llenándose de productos atractivos, diversificando sus intereses, pero sin saber qué de todo eso a él le interesa y le gusta. Su comportamiento es como si hiciera *zapping* con su vida, va de una cosa a la otra, sin concentrase, sin prestar demasiada atención a lo que hace y ansioso por saber qué hará después.

La cultura impone un ideal ¿habrá que comprarlo para ser feliz?

Ritalina: ¿Para quién?

¿**P**ara nuestras sociedades, que generan cambios constantemente con sólo hacer un "clic?"

¿Para los padres, que en su vorágine cotidiana no tienen tiempo[6] de atender a sus hijos?

¿Para los profesores, que corren detrás de un programa y carecen de tolerancia para soportar a esos niños que "molestan?"

¿Para los médicos, que presionados por un determinado sistema de salud, no pueden dedicarle demasiado tiempo a cada niño para hacer un diagnóstico correcto?

Cabe entonces otra pregunta: ¿No estará padeciendo el niño, la hiperactividad y el déficit en atención de los adultos?[7]

---

[6] Tiempo no apurado, tiempo de jugar... «como dice María Elena Walsh, escritora y cantante argentina.

[7] Sería interesante investigar sí este síndrome de moda existe también en zonas alejadas de las ciudades.

Por otro lado, en esos mismos lugares dónde ciertos niños son denominados hiperactivos, se suele escuchar decirles a otros niños: "*apúrate...vamos ya...debes terminar rápido...no llegamos a tiempo* (mientras se atiende una llamada en el teléfono móvil y se desatiende al niño)...*después de aquí vamos allá...no tienes más tiempo...etc., etc.*

La confusión y las dudas que se crean en los padres son tales, que ya no saben si su hijo es normal o no: se preocupan si es muy inquieto, se preocupan si es muy quieto.

El pasado 19 de julio, en un programa de la CNN, tuve la oportunidad de escuchar a dos profesionales[8] de la salud debatiendo el tema de la Hiperactividad, el Déficit de Atención y la Ritalina. Ambos profesionales coincidieron en los siguientes puntos:

1. La importancia de un diagnóstico preciso, el cual:

- No requiere de pruebas de laboratorio
- Debe permitir hacer la diferenciación con respecto a otras manifestaciones similares producidas por distintas causas (problemas auditivos o visuales, problemas de aprendizaje, perturbaciones psiquiátricas)
- Debe tener en cuenta la presencia o ausencia de trastornos neurológicos.

2. La presión que proviene del estado, de la escuela o del hogar, agrava la situación.

---

[8] El Dr. Eduardo Montañés, pediatra y el Dr. Jorge Juncos, neurólogo.

3. La medicación

. - No es la primera solución
- Suele prescribirse **indiscriminadamente**
- La dosis debe pensarse en función de cada niño, más allá de la estandarización y las tablas.
- Los efectos no son mágicos
- Algunos niños reaccionan con depresión, inapetencia, delgadez, palidez o como "robots" (según palabras de los padres)
- Puede no hacer efecto
- **Debe complementarse siempre con otro tipo de tratamiento y de ayuda a los padres y a los niños**.

4. Consejos a los padres

- Intentar una mayor tolerancia
- Promover una disciplina clara
- Conocer al hijo
- Procurarse información seria

Dicho de otro modo: no nos apresuremos. Apaguemos los televisores, las computadoras, los teléfonos móviles un rato y miremos a nuestros hijos, alumnos, pacientes que tenemos al lado. ¿Quiénes son? ¿Qué necesitan? ¿Quiénes somos para ellos? ¿Qué son ellos para nosotros?

Las reflexiones existenciales no están de moda, no son redituables y llevan tiempo. Pero no enferman.

Foto de Familia

En determinadas épocas del año, en ocasión de ciertas fiestas por ejemplo, los medios inundan nuestros sentidos de publicidades que transmiten un prototipo de familia:

⊙ Alrededor de una mesa abundante, todos disfrutan de una reunión de familia, alegres, felices y amables.

⊙ Un matrimonio, en una gran tienda, con 2 o 3 hijos, pletóricos de salud, llenos de regalos, irradiando paz y amor.

⊙ En el campo o en la playa, los niños juegan sin reñir y los padres y abuelos sonríen con ternura, contemplando la dulce inocencia del paraíso reencontrado.

No hay lugar en el "mercado" para la verdad de la vida familiar, que en cada fiesta, cada reunión, durante las vacaciones, los fines de semana o todos los días, conviven con el sufrimiento causado por unas relaciones familiares que distan mucho de la perfección revelada en las imágenes publicitarias.

Estas imágenes, producidas con fines comerciales, tienen efecto psicológico cuando quienes las consumen ven en ellas un **"ideal de perfección"** ante el cual su vida se les presenta como pobre, miserable, fracasada, frustrante.

Aparecen fantasías de aplastante melancolía que podríamos traducir más o menos así: *"Cuando todos se divierten, ríen y disfrutan bien acompañados, yo me encuentro sufriendo por el problema matrimonial, el hijo que no llega, las peleas con los suegros, el hijo a quien no sé cómo ayudar, el hermano alcohólico, el trabajo mal remunerado que fija una expresión de amargura en el rostro, el avance de la enfermedad de mal pronóstico, el padre que abandonó el hogar, el duelo que recién empieza, el pariente que fue encarcelado, etc..."*

Lo más frecuente es que en alguna reunión familiar alguien llore, otros se nieguen el saludo, alguno prefiere no asistir, un ser querido ya no está, las mujeres se desprecian entre sí, los niños fastidian, los jóvenes se aburren, los viejos hablan y nadie los escucha...Al día siguiente, amanece más de uno con una indigestión, un ataque al hígado o un indecible sentimiento de tristeza.

¿Dónde está la felicidad prometida? Hasta los cuentos de hadas- que siguen cautivando a los niños- pintan una realidad más parecida a la vida: **Hansen y Gretel** son abandonados por sus padres pobres, **Cenicienta** queda huérfana y es maltratada por su madrastra, **Caperucita Roja** es abusada en su inocencia, la muchacha de **Piel de Asno** debe escapar del casamiento incestuoso con su propio padre...

Los niños disfrutan profunda e íntimamente estas historias ya que pueden verse reflejados en alguno de los personajes que sufren, se enfrentan a su drama y atraviesan distintas pruebas hasta vencer el obstáculo.

En cambio, ante los imperativos de la publicidad: *"cómpralo ya", "pídelo", "no te lo puedes perder"*, etc., la respuesta es de contagio inmediato: *"quiero eso"*, *"tengo que tenerlo ya".* No hay obstáculos que vencer, todo invita a una satisfacción inmediata.

¿Cómo transmitirles a nuestros hijos la ficción de felicidad que les venden si nosotros mismos la compramos?

¿Porqué enamorarnos de esa felicidad producida artificialmente para el público y no amar nuestra historia, con nuestras miserias humanas, nuestros dramas, nuestros duelos? Todo eso que hace que tengamos una identidad y no seamos un producto para seducir a los demás.

Las reuniones familiares serían mucho más humanas si se aceptara la imperfección que las aleja del ideal, pero las acerca a nuestros corazones.

11 de septiembre de 2001

¿Todavía siguen hablando de eso? (Mariana, 7 años)
Ojalá que pongan bombas en todas las escuelas así no hay clases (Celeste, 6 años).

¿Qué nos importa si no nos está pasando a nosotros? (Martín, 11 años)

A esos locos malos los voy a matar con una pistola de verdad (Lucía,5 años).

Si eso pasó en un país seguro ¿Acá qué puede suceder? (Rocío, 8 años)

¿Qué es un terrorista? ¿Qué es el Pentágono? (Ignacio, 9 años)

¿Porqué esas personas están festejando, para ellos es como un "mundial?" (Margarita, 7 años)

Los niños reaccionaron según la lógica y las defensas propias de la edad: pensando primero en ellos, en su presente, en su seguridad y en las ganas de dar rienda suelta a sus impulsos.

La información constante, a través de todos los medios de comunicación alcanzó a los niños:

Algunos se hallaban solos frente al televisor cuando aparecían las imágenes y probablemente no sabían si lo que veían era *"de verdad "* o se trataba de un video-juego al que están tan acostumbrados.

Otros, se inquietaron ante la visible preocupación y angustia de los familiares trastornados por las noticias, y preguntaron *"¿Qué pasó?"*

Es importante hacerles saber que aquello sucedió de verdad: las imágenes no eran las de una película ni las de algún juego. Hay momentos en que angustiarse es signo de salud. Minimizar los hechos o hacer de cuenta que los niños no están enterados, altera la capacidad de juicio para distinguir entre realidad y fantasía (y esto tiene consecuencias durante toda la vida).

Involucrar a los niños permanentemente en el clima que vivimos los adultos, tampoco es recomendable. Los niños, a pesar de la gravedad de las circunstancias, pueden tener hambre, sueño y ganas de jugar. Ellos viven el aquí y ahora, aunque a los adultos nos indigne. Se interesan por lo que está sucediendo, buscan una explicación que los tranquilice para regresar a sus asuntos.

Si no lo hicieron espontáneamente, una manera de estimular los niños a que se expresen es proponiendo que dibujen lo que vieron o lo que se imaginaron.

Todos hemos intentado encontrar las palabras más adecuadas para ayudar a nuestros niños a entender una realidad para la cual ni nosotros mismos estábamos preparados. Fue necesario primero salir del impacto y dejar de lado por un rato nuestra ansiedad y nuestra necesidad de estar conectados todo el tiempo.

Debemos estar dispuestos a escuchar sus preguntas, aunque no tengamos todas las respuestas.

17
20

33,000 —
11,000 —

18,30 hrs.

33,000 —

✓ S D
17 —

180 y 210

17:00 hrs

Regalos teachers.

985538871